혼자서도 쉽게 읽는 성경 길잡이
모세오경편

혼자서도 쉽게 읽는 성경 길잡이_모세오경편

초판 1쇄 발행 2019년 12월 25일

지은이　최광식
펴낸이　김주연
북디렉팅　엄재근
기획편집　그린팰스
디자인　M.S.G.

펴낸곳　지식플랫폼
주 소　서울시 구로구 경인로 662 디큐브시티 15층 1512호
등록번호　제 25100-2017-000051호
이메일　bookplatform@naver.com
팩스번호　0507-489-4370

값 13,000원
ISBN 979-11-88910-23-6 (03230)

이 도서의 국립중앙도서관 출판예정도서목록(CIP)은 서지정보유통지원시스템 홈페이지(http://seoji.nl.go.kr)와 국가자료종합목록시스템(http://www.nl.go.kr/kolisnet)에서 이용하실 수 있습니다. (CIP제어번호 : CIP2019050513)

역사를 알면 성경이 쉽게 보인다
《모세오경편》
혼자서도 쉽게 읽는 성경 길잡이
최광식 지음
지리를 알면 성경이 쉽게 보인다
문학적 장르를 알면 성경이 쉽게 보인다
지식플랫폼

| 들어가며 |

어릴 때 교회에 다니기 시작한 후로 성경은 항상 책꽂이의 어느 한 자리를 차지하고 있었지만 쉽게 손이 가지 않는 책이었다. 두툼한 책 두께부터 어린 나를 압도하였기 때문에 감히 성경을 처음부터 끝까지 한 번 읽어보아야겠다는 마음을 먹기가 쉽지 않았다. 어린 나에게 성경은 재미없고 지루한 책, 읽어도 무슨 말인지 이해가 되지 않는 어려운 책, 신화나 전설과 같이 환상적이고 비현실적인 책으로 생각되었다. 그래서 성경은 스스로 읽는 책이 아니라 교회에서 예배를 드릴 때에 필수적으로 가지고 가야하는 장식품처럼 여겨지곤 하였다.

그런데 어느 순간부터 성경에 관심이 생기고 성경을 제대로 읽고 공부를 해보고 싶다는 생각이 들게 되었다. 성경을 공부하면서 하나님에 대해 조금씩 알아나가게 되고 개인적으로 살아계신 하나님을 만나게 되었으며, 믿음의 씨앗이 싹을 틔우게 되었다. 그래서 새로운 마음으로 본격적으로 성경을 읽고 공부하였지만 성경은 여전히 어렵고 이해하기 쉽지 않은 책이었다. 성경을 읽기 시작한 지 30년이 훨씬 넘었지만 성경은 여전히 어려웠다. 설교를 듣고 성경을 공부하면 부분적으로는 좀 이해가 되는 듯하였지만 여전히 전체적인 맥락이 잡히지 않았다. 이때부터 새로운 고민이 시작되었다. "성경은 왜 이렇게 어려울까? 성경을 소설처럼 쉽고 재미있게 읽을 수는 없을까?" 개인적으로 이런 고민 가운데 '쉽고 재미있게 가르치는 성경 선생'이 되고자하는 비전을 품고 문을 두드린 곳이 바로 아세아연합신학대학교(ACTS) 목회학석사 과정이었다.

직장생활과 신학공부를 병행하였기 때문에 정신없이 바쁜 나날을 보냈지만 신학공부는 사막에서 오아시스를 만난 것처럼 큰 기쁨을 주었다. 복잡하게 얽혀있던 실타래가 한 가닥씩 찬찬히 풀려나가듯이 베일에 싸여있던 성경의 내용이 조금씩 풀어지고 나름대로의 신학적인 체계를 잡아가게 되었다. 그리고 어느 순간 성경 66권 전체의 모습이 보이기 시작하였다. 그리고 이때부터 기도하며 구체적으로 하나님께서 나에게 깨우쳐주신 것을 정리하여 평신도들에게 쉽고 재미있게 성경을 가르칠 수 있는 자료를 준비하게 되었다.

개인적으로 목사 안수를 받은 후 신학교에서 배운 것을 기초로 평신도들에게 성경 전체를 쉽고 재미있게 가르치기 위한 강의안을 만들기 시작하였다. 1년여 동안 거의 매일 ACTS에서 배운 내용을 새롭게 정리하고, 추가적으로 관련 자료를 찾아서 공부하고, 하나님께서 기도할 때마다 깨우쳐주신 내용을 기초로 강의안 준비에 매진하였다. 어떻게 정리를 해야 할지 몰라 답답한 마음으로 기도할 때마다 섬광처럼 새로운 깨달음을 주시는 하나님의 도우심에 감사하고 감격했던 일을 떠올리면 지금도 가슴이 벅차오른다. 이러한 기도와 준비의 결과로 성경 전체를 정리하는 강의안이 완성되었으며, 이 강의안으로 성경강좌를 진행하게 되었다. 그리고 강의 내용을 정리하고 보완하여 이 책이 나오게 되었다.

이 책에서는 평신도들이 쉽고 재미있게 성경을 읽고 이해할 수 있도록 성경 전체를 '하나님 나라'와 '성경은 역사책이다'라는 두 가지 큰 틀을 가지고 정리해보고자 하였다. 그래서 이 책에서는 하나님 나라에 대한 정의와 하나님 나라의 창조와 상실, 회복에 대해서 다루고 있다. 구체적으로 하나님께서 어떻게 하나님 나라 회복에 대해서 약속하시고, 계획하시고, 이루어 나가시는지, 하나님 나라가 어떻게 확장되어 나가고, 완성을 향해서 나아가고 있는지를 보여주며 창세기부터 요한계시록까지 전체가 '하나님 나라'에 대한 이야기를 다루고 있음을 보여준다. 아울러 성경 내용이 우리가 알고 있는 역사적 사실과 어떻게 부합하며, 이러한 사실이 우리에게 어떤 의미를 지니는지에 대해 살펴보고자 시도하였다. 그래서 이를 통해 성경내용이 꾸며낸 이야기가 아니라 누구나 이해할 수 있는 객관적이고 합리적인 역사적 사실에 기초해서 기록되었음을 보여주고자 하였다.

이 책은 '혼자서도 쉽게 읽는 성경 길잡이'라는 제목에서 보여주고 있듯이 어렵고 부담스럽게 느껴지는 성경을 독자들이 좀 더 쉽고 편하게 다가가는데 도움이 되었으면 하는 바람을 갖고 기록되었다. 그래서 독자들이 이 책을 통해 성경을 깊이 연구하려고 하기보다 혼자서 성경을 읽고 이해하는 길잡이 정도로 생각하며, 앞으로 이 책에 이어서 요한계시록까지 성경 전체를 정리하고자 계획하고 있으므로 해당되는 성경을 반드시 함께 읽어 나가기를 권하고 싶다.

이 책이 세상에 나오기까지 인도하시고 도와주신 하나님께 먼저 감사와 영광을 돌려드리고 싶다. 그리고 앞에서도 언급하였듯이 이 책은 ACTS 목회학석사과정에서 배운 것을 기초로 기록하였기 때문에 저를 가르쳐주신 모든 교수님께 감사를 드린다. 특히 모세오경은 이한영 교수님의 강의 내용을 많이 참고하였음을 밝히며, 교수님께 깊은 감사를 드리고 싶다. 다음으로 이 책이 나오기까지 함께 읽고 많은 조언과 격려를 해준 김베레카 목사님, 이종배 목사님, 김광호 목사님께 감사드리고 싶다. 또한 저를 위해서 기도해주신 혜광교회 식구들께 감사를 드리며, 항상 인내하고 응원해준 사랑하는 아내와 부족한 아빠를 믿고 든든한 응원부대가 되어준 예지, 예은, 주안이에게도 고마운 마음을 전하고 싶다. 끝으로 이 책이 출판되도록 독려해 주고 모든 수고를 아끼지 않은 지식플랫폼 식구들에게 감사를 드린다.

2019년 12월

최 광 식

| 목차 |

2부 모세오경

1부

혼자서 쉽고 재미있게 읽는 성경

1장

성경과 친해지기

알고 보면
성경도 쉬운 책인데...

많은 사람이 성경을 읽어도 이해가 잘 안 된다고 말한다. 교회에 다니기 시작한 후로 다양한 관점으로 성경을 읽어보고 공부도 해 보았지만, 나의 기억 속에 성경은 항상 읽기 어려운 책, 이해하기 어려운 책으로 남아 있었다. 용어부터 익숙하지 않았다. 주변에 있는 친구들에게 성경을 선물하고 읽어 보라고 하면 하나같이 너무 읽기 어렵다는 반응이다. 이처럼 성경은 읽기 쉽고 이해하기 쉬운 책이 아니다. 오히려 재미도 없고 어려운 책으로 여겨진다.

성경은 정말 어려운 책인가? 성경이 왜 이렇게 어려운 책으로 느껴질까? 중국어나 러시아어와 같이 외국어로 쓰여 있는 것도 아니고 한글로 쓰여 있는데 왜 읽어도 그 의미가 와 닿지 않을까? 어떻게 하면 재미있는 소설처럼 성경을 쉽고 재미있게 읽을 수 있을까? 재미있게 읽지는 못하더라도 그 의미라도 분명하게 이해하면서 읽을 수는 없을까? 알고 보면 성경도 쉽고 재미있는 책인데….

* 문학적 장르를 알면 성경이 쉽게 보인다

성경을 읽어도 이해하기 어려운 데는 몇 가지 이유가 있다. 먼저 성경도 문학작품이라는 점에 주목할 필요가 있다. 문학작품을 제대로 이해하기 위해서는 작품 속에 담겨있는 문화적인 배경이나 문학적·언어적 특성을 이해해야 한다. 우리가 성경을 읽으면서 어려움을 느끼는 이유 중의 하나는 성경이 기록된 당시와 현대를 살아가는 우리들 사이에 문화적인 배경이나 언어적인 특성에서 차이가 크기 때문이다.

한 가지 예를 들어보기로 하자. 훈민정음 서문은 한글로 기록되어 있다. 한글로 기록되어 있지만, 오늘날 우리가 읽으면 잘 이해가 되지 않는다. 왜 그럴까? 훈민정음 서문은 15세기에 쓰였는데, 그 당시의 문화적인 배경과 사용하던 용어가 오늘날 우리가 처한 문화적인 배경이나 언어적인 특성과 차이가 있기 때문이다. 그래서 우리가 훈민정음 서문을 이해하기 위해서는 누군가가 해석을 해주어야 한다. 아마 학교에서 훈민정음 서문을 배우신 분들은 선생님이 오늘날의 언어로 해석해 준 것을 기억할 것이다.

성경은 BC 15세기부터 AD 1세기까지 약 1,600여 년에 걸쳐 기록된 책이다. 앞에서 언급한 것처럼 오늘날 독자들과는 문화적인 배경이 다르다. 사용하는 언어도 다르고, 표현 기법도 다르다. 따라서 성경이 기록된 당시의 문화적 배경이나 언어적 특성에 대한 이해 없이 성경을 읽으면 이해하기 어려운 것이 당연하다. 그래서 성경을 이해하려면 먼저 그 성경이 기록된 문화적인 배경, 언어적 특성에 대한 이해가 필요하다.

이런 요소들이 종합적으로 문학적인 장르를 통해서 나타난다. 성경도 문학작품이기 때문에 66권으로 이루어진 성경은 각 권마다 독특한 문학적인 장르를 갖고 있다. 성경에는 시도 있고, 편지글도 있고, 이야기체의 서술도 있으며, 심지어 법전도 있고 우리에게 생소한 예언이나 묵시도 있다. 성경이 이처럼 다양한 문학적인 장르로 이루어져 있는데도 불구하고 많은 사람이 성경을 읽을 때 문학적인 특성들을 고려하지 않고 그냥 읽는다. 시편이나 복음서, 레위기나 요한계시록을 읽을 때도 별다른 관점의 변화를 두지 않는다. 심지어 문학적인 장르를 고려하지 않고 성경을 읽다가 성경을 잘못 이해하여 이단에 빠지기도 한다. 그러나 성경의 문학적인 장르를 알고 이를 고려하면서 읽으면 성경 내용이 훨씬 쉽고 명확하게 다가온다는 사실을 꼭 기억해야 한다.

* 역사를 알면 성경이 쉽게 보인다

성경은 역사책이다. 좀 더 자세히 이야기하면 성경은 하나님 나라의 역사책이며, 인류의 구속역사를 다루고 있는 역사책이다. 우리가 잘 아는 것처럼 구약성경은 창세기 11장까지는 인류의 초기 역사를 배경으로 기록되었으며, 그 이후에는 이스라엘 민족의 역사를 배경으로 기록되어 있다. 물론 신약성경도 마찬가지이다. 신약성경도 예수님이 태어

나신 시기의 이스라엘과 이스라엘을 둘러싼 주변 국가들의 역사를 배경으로 하고 있다. 그러므로 이스라엘의 역사에 대한 이해 없이 성경을 읽을 때 어렵게 느껴질 수밖에 없다. 성경의 내용이 잘 이해되지 않을 뿐만 아니라 잘못 이해하는 경우까지 발생하게 된다. 따라서 성경을 읽을 때 이스라엘 민족의 역사에 대한 이해가 기본적으로 필요하다.

그런데 한 나라의 역사는 그 나라만의 독자적인 사건으로 이루어지는 것이 아니라 주변에 있는 나라들과의 유기적인 관계 속에서 이루어진다. 이스라엘은 오늘날 우리가 팔레스타인이라고 부르는 지역에 자리 잡고 있으며, 그 주변에는 이집트, 히타이트, 앗시리아, 바빌로니아, 페르시아, 더 나아가서 그리스와 로마제국 등과 같이 세계사적으로도 강력한 영향력을 행사했던 강대국들이 자리하고 있었다. 이스라엘은 이러한 나라들과 끊임없는 관계 속에서 흥망성쇠를 거듭해 왔다. 그러므로 우리가 성경을 제대로 이해하려면 이스라엘의 역사는 물론이고 이스라엘을 둘러싸고 있는 근동 지역 전체의 역사에 대한 기본적인 이해가 필요하다. 실제로 성경 속에는 이스라엘과 위에 언급한 나라들과의 관계 속에서 발생한 무수한 사건들이 등장한다. 따라서 이스라엘의 역사와 더불어 고대 근동 지역의 역사에 관심을 가지고 공부하며 성경을 읽어 보자.

또한 역사를 공부해 본 분들은 기본적으로 역사와 신화나 전설의 차이가 무엇인지 쉽게 이해할 수 있을 것이다. 신화나 전설과는 달리 역사는 사실을 배경으로 기록된다. 성경을 역사책이라고 할 때 이는 성경이 역사적 사실을 배경으로 기록되었다는 것을 의미한다.

창세기를 읽어보면 천지창조나 에덴동산, 노아 홍수와 같이 인간의 지식으로 이해하기 힘든 사건들이 많이 등장한다. 그런데 성경이 역사책이라면 금방 이야기한 사건들도 모두 역사적 사실이라는 것을 의미한다. 그런데 많은 사람이, 심지어 기독교인 중에도 천지창조나 에덴동산, 노아 홍수와 같은 사건들을 마치 신화나 전설처럼 여기고 있는 사람들이 적지 않다. 역사적 사실이 아니라 마치 옛날이야기처럼 생각하는 사람들을 자주 만나게 된다. 왜냐하면 지금까지 성경을 역사책으로 배우고 공부해본 적이 별로 없고 그냥 꾸며낸 이야기처럼 배워왔기 때문이다.

에덴동산은 실제로 존재했을까?

창세기 2장에는 에덴동산에 대한 기록이 담겨 있다. 하나님은 아담을 만드신 후에 에덴동산에 거하게 하셨다. 에덴동산은 보기에 아름답고 먹기에 좋은 나무로 가득하였으며, 네 강이 에덴에서 흘러나와 동산을 적시고 있었다. 또한 에덴동산은 금을 비롯하여 각종 보석으로 아름답게 빛나고 있었다. 아담은 에덴동산에서 생물들에게 이름을 지어주며 모든 생물을 다스렸다. 그뿐만 아니라 하나님은 아담을 위하여 여자를 만들어 아내로 주셨으며, 이들은 벌거벗었으나 서로 부끄러워하지 않았다. 성경에는 에덴의 모습이 간단하게 기록되어 있지만, 에덴동산은 모든 사람이 꿈꾸는 낙원임이 틀림없었다.

앞에서 에덴동산을 이 땅 위에 실제로 존재했던 것이 아니라 누군가가 꾸며낸 가상의 파라다이스로 생각하는 사람이 많다고 이야기했는데 우리가 성경을 역사책이라고 인정한다면 에덴동산도 이 지구상에 실제로 존재했던 동산임이 틀림없다. 그러면 에덴동산은 어디에 위치하고 있었을까?

성경에도 에덴동산의 위치가 어디인지 정확하게 나타나 있지는 않다. 그러나 우리는 성경에 있는 에덴동산에 대한 설명을 통해 대략 에덴동산의 위치가 어디쯤인지 추정해 볼 수는 있다. 성경에 나와 있는 에덴동산에 대한 기록을 보면 에덴동산에서 네 강이 발원하여 흐른다고 적혀있는데, 이 네 강의 위치를 설명하는 장면 속에서 우리에게 익숙한 몇 가지 지명을 발견할 수 있다. 첫 번째, 두 번째 강은 우리에게 잘 알려지지 않은 강이지만 세 번째 강의 이름은 우리에게 어느 정도 익숙한 이름이다. 바로 힛데겔 강이다. 힛데겔이라는 이름은 창세기에만 등장하는 것이 아니라 다니엘서에도 언급되어 있는데, 다니엘이 힛데겔 강가에서 하나님의 환상을 보았다고 기록하고 있다. 이 힛데겔이 바로 티그리스강의 옛 이름이다. 네 번째 강은 우리가 너무나도 잘 아는 유프라테스강이다. 그리고 창세기에서는 에덴동산에서 발원하여 흐르는 둘째 강 이름을 기혼이라고 하는데, 기혼은 우리에게 생소하지만, 이 강이 흐르는 지역으로 묘사되고 있는 구스라는 지명은 우리에게 꽤 알려진 이름이다. 구스라는 지명은 이사야서에도 등장하며, 성경에서는 모세가 구스 여인과 재혼을 하였다고 기록하고 있다. 구스는 나일강 상류에 위치한 곳으로 오늘날 에티오피아 지역을 말한다.

우리는 에덴동산의 위치를 정확히 이야기할 수는 없지만, 에덴동산을 설명하는 내용 중에 등장하는 힛데겔이나 유프라테스, 구스라는 명칭을 통해서 대략 에덴동산이 어디쯤 위치했는지 짐작해 볼 수 있다. 분명한 것은 에덴동산이 가상의 파라다이스가 아니라, 이 지구상에 실제 존재했던 동산이며, 우리의 조상이자 최초의 인간인 아담과 하와가 살았던 곳이라는 점은 분명한 역사적 사실이다.

왜 메소포타미아는 인류문명의 발상지가 되었을까?

이번에는 메소포타미아 문명이 왜 인류의 문명 중에서 가장 먼저 발달했는지에 대해서 생각해 보기로 하자. 보통 세계사를 배울 때 우리는 인류의 최초 문명이라 할 수 있는 4대 문명에 관해서 공부한다. 4대 문명은 메소포타미아 문명, 이집트 문명, 인도 문명, 그리고 중국 문명을 말한다.(그림1 참조) 4대 문명 중에서 가장 먼저 꽃을 피운 문명이 메소포타미아 문명이다. 메소포타미아 문명은 티그리스, 유프라테스강 유역에 발달한 문명이다. 메소포타미아라는 말은 두 강 사이의 지역을 말하는데 여기에서 두 강이 바로 티그리스강과 유프라테스강을 말한다. 그러면 여기에서 한 가지 궁금한 사실이 생기게 된다. 왜 인류의 문명이 메소포타미아 지역에서 가장 먼저 꽃을 피우게 되었을까? 물론 정확한 증거를 제시할 수는 없지만 우리는 성경 속에서 그 이유를 어느 정도 유추해 볼 수 있다.

[그림 1] 4대 문명의 발상지

인류가 번성해 나가자 죄도 번성해 나갔다. 노아에게 이르러 이 땅에 살고 있던 사람들의 죄악이 세상에 가득하게 되고 사람들이 마음으로 생각하는 모든 계획이 항상 악하게 되었다고 기록할 정도로 사람들이 타락하게 되었다. 성경은 한마디로 사람들이 육신이 되었다고 묘사하고 있다. 하나님은 땅 위에 사람 지으셨음을 한탄하게 되었으며 마음에 근심하게 되었다. 그리고는 이 땅에 있는 모든 사람뿐만 아니라 가축과 공중의 새까지 심판하기로 작정하셨다. 이 심판이 바로 노아의 홍수이다. 40일 동안 계속된 홍수로 땅 위에 살던 모든 짐승과 사람들이 죽게 되었다. 그런데 노아는 하나님의 은혜로 방주를 짓고 이 홍수에서 살아남게 된다. 그리고 인류는 노아와 그 아들들인 셈, 함, 야벳을 포함하여 홍수에서 살아남은 노아의 가족 8명을 통해 새롭게 번성해 나가게 된다.

여기에서 우리는 홍수가 끝난 후에 노아의 방주가 멈추었던 곳을 주

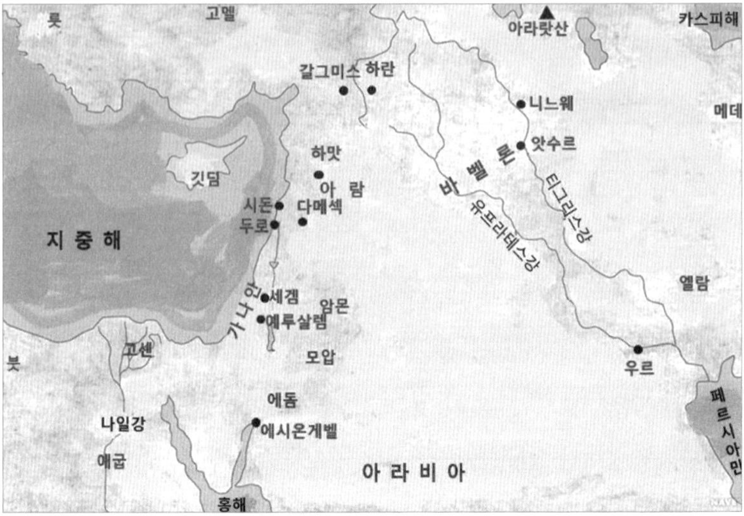

[그림 2] 구약시대 고대근동

목해 볼 필요가 있다. 성경에서는 이곳을 아라랏산(그림 2 참조)이라고 이야기하고 있다. 아라랏산은 지금의 터키 동쪽 경계에 위치한 곳으로 터키와 아르메니아, 아제르바이잔과 국경을 접하고 있는 지역에 있다. 이곳은 과거 아르메니아인이 많이 거주해 온 지역으로 알려져 있으며, 지금도 아르메니아인들은 아라랏산을 민족의 상징물로 여기고 있다. 최근에도 아라랏산에서 노아 방주의 흔적이 발견되었다는 증언들이 나오고 있다.

성경은 노아가 아라랏산에서 방주에서 나와 하나님께 제사를 지냈으며, 하나님은 이런 노아에게 "생육하고 번성하여 땅에 충만하라"는 축복의 말씀을 주셨다고 기록하고 있다. 이는 노아와 그 가족들이 지금의 터키 동쪽 경계에서 다시 생활 터전을 잡고 번성해 나갔음을 의미한다. 지리적으로 볼 때 이곳에서 번성하여 점점 확장하여 나간 곳이 바로 메소포타미아 지역이다. 이 지역에는 기원전 3000년경 수메르인이 정착하여 문명을 꽃피웠으며, 수메르, 아카드, 바벨론(바빌로니아)과 같은 국가들이 문명을 이루고 번성하였던 지역이다. 따라서 성경을 통해 우리는 지리적으로도 결국 메소포타미아 지역에서 인류의 문명이 가장 먼저 발달할 수밖에 없음을 유추해 볼 수 있다. 우리는 여기에서 성경의 내용이 세계사에서 이야기하고 있는 사실에서 절대로 벗어나지 않음을 알 수 있다. 이러한 사실들을 통해 우리는 성경이 역사적 사실들을 배경으로 기록되었음을 짐작해 볼 수 있다.

*** 지리를 알면 성경이 쉽게 보인다**

역사적 배경에 대한 이해의 부족과 함께 성경이 어렵게 느껴지는 이유 중의 하나가 지리적인 배경에 대한 이해의 부족을 이야기할 수 있다. 지리적 배경에 대한 이해의 부족은 역사적 배경에 대한 이해의 부족과도 밀접한 관계를 맺고 있다. 왜냐하면, 역사적인 사건이 특정한 장소 즉 지리적인 배경 속에서 일어나기 때문이다. 따라서 역사를 이해하기 위해서는 지리적인 이해가 반드시 필요하다. 여기에서 지리적인 이해는 한 나라의 지리적인 특성뿐만 아니라 주변 국가들과의 관계 속에서의 지리적인 특성도 포함한다. 앞에서도 언급했듯이 한 나라의 역사는 주변에 있는 여러 나라와의 관계 속에서 이루어지기 때문이다.

실제로 성경을 읽어보면 많은 지명이 등장한다. 도시나 지역, 국가의 이름도 등장하고 강이나 바다, 산의 이름도 등장한다. 그런데 이런 지명에 대한 이해가 부족하면 성경의 내용이 구체적이고 실제적으로 와닿지 않을 수도 있다. 오히려 왜 이런 일이 일어났는지 이해가 되지 않을 수도 있다.

예를 들어 아브라함이 고향인 갈대아 우르를 떠나서 가나안 땅으로 가기 위해서 어떤 경로를 통해 이동했는지를 알면, 아브라함에게 하나님의 이 말씀이 얼마나 순종하기 힘들었는지, 하나님의 명령에 순종하기 위해 아브라함이 어떤 수고를 감당해야 했는지, 왜 하란에서 멈추었다가 다시 가나안 땅으로 갈 수밖에 없었는지 쉽게 이해할 수 있을 것이다. 이는 이스라엘 자손들이 어떤 경로로 출애굽을 했는지, 3차에 걸친 사도 바울의 전도 여행이 어떤 경로를 통해서 이루어졌는지에 대해서도 마찬가지이다. 성경에 나와 있는 많은 사건이 이러한 지명을 포함하고 있다. 따라서 성경을 읽을 때 관련된 지명들이 표시된 지도를 한 번이라도 보고 읽는다면, 성경 내용이 훨씬 더 쉽게 다가올 것이며, 이해의 폭도 훨씬 넓어지고 깊어질 것이다.

지금까지 성경을 어려운 책으로 만드는 몇 가지 이유에 대해 살펴보았다. 물론 이 외에도 다양한 이유가 있을 수 있다. 그러나 최소한 위에 언급한 내용만 고려하더라도 성경을 훨씬 쉽게 읽을 수 있을 것이다. 성경에 등장하는 사건들의 역사적인 배경, 지리적인 배경, 문화적·언어적 특성을 고려하면서 성경을 읽어보자.

개인적으로 성경을 좀 더 쉽게 읽을 수 있는 한 가지 방법을 제안하고 싶다. 우리는 소설을 읽을 때, 한 구절 한 구절을 깊이 생각하고, 문장을 일일이 분석하며 읽지 않는다. 때로 잘 이해되지 않는 부분이 있더라도 전체적인 내용을 파악하면서 그냥 읽어 나간다. 그런데 성경을 읽을 때는 한 구절 한 구절을 완벽하게 이해하면서 읽으려고 한다. 이해되지 않는 구절이 나오면 더는 앞으로 나아가지 못하고 고민에 잠긴다. 물론 성경을 한 구절 한 구절 깊이 묵상하고, 분석하고, 연구하며 읽는 것도 중요하고 반드시 필요하다. 그런데 처음부터 성경을 그렇게 읽을 필요가 있는지 생각해 볼 필요가 있다. 이렇게 성경을 읽으면 한 구절, 한 단락에 대해서는 깊이 이해할 수 있을지 모르지만, 성경 전체의 흐름을 놓치게 되는 경우가 많고, 1년 동안 성경을 읽어도 끝까지 읽지 못하는 경우도 적지 않다. 그래서 교회에 오래 다니고, 성경을 많이 읽은 사람 중에도 정작 성경 전체의 흐름을 제대로 이해하지 못하는 경우를 어렵지 않게 볼 수 있다. 마치 산 속에 들어가면 한 그루 한 그루 나무의 모습은 잘 관찰할 수 있지만 정작 산 전체의 모습을 놓치는 것과 같다. 먼저 멀리서 산 전체의 모습을 보고 산속으로 들어가서 나무를 관찰하면 어떨까?

Why 성경?

그러면 우리가 "왜 성경을 읽어야 하는가?"에 대해 먼저 생각해 볼 필요가 있다. 이 질문은 "어떻게 하면 하나님을 잘 믿을 수 있을까?"라는 질문과 연결되어 있다. 교회에 다니는 사람이라면 예외 없이 누구나 한 번쯤은 이런 질문을 던져 보았을 것이다. 하나님을 믿는 사람은 누구나 하나님을 잘 믿고 싶어 한다. 사람들은 일반적으로 믿음을 추상적이고 막연하게 생각하는 경향이 있다. 그래서 하나님을 믿기 원하고, 더 나아가 하나님을 잘 믿고 싶지만, 구체적으로 어떻게 해야 할지 잘 모르는 경우가 많다. 그러나 실제로 믿음은 막연한 것이 아니라 매우 구체적이고 실제적이다. 믿음이란 다른 말로 표현하면 어떤 대상에 대한 신뢰라고 할 수 있다.

일반적으로 우리가 어떤 사람을 처음 만난 후 믿고 신뢰하는 관계에 이르기까지 어떤 과정을 거쳐야 하는지 생각해보자. 만나자마자 처음부터 서로 믿고 신뢰하게 된 사람은 별로 없을 것이다. 서로 신뢰의 관계를 맺기 위해서는 처음 만난 후, 점차 만나는 횟수를 늘려가면서 서로에 대해 조금씩 알아나가는 과정이 필요하다. 상대방이 어떤 음식을 좋아하는지, 취미가 무엇인지, 가족 관계가 어떻게 되는지, 집안이 어떤지, 성격이 어떤지 등에 대해서 알아나가야 한다. 우리는 이러한 과정을 익숙한 단어로 '교제'라고 한다. 우리는 교제를 통해서 서로에 대해 알아 나가고, 호감을 느끼게 된다. 서로에 대해 알아 나갈수록 서로를 신뢰하게 된다. 이는 연인이나 부부 사이의 관계에도 똑같이 적용된다. 상대방에 대한 믿음이 깊어져서 상대방에게 나 자신의 인생을 맡길 수 있을 정도의 신뢰가 생기면, 마침내 결혼에 이르게 된다.

우리가 하나님을 믿는 과정도 사람을 믿게 되는 과정과 유사하다. 사람들 사이에 서로에 대한 신뢰를 가지려고 교제하는 과정을 거치듯이, 하나님께 대한 믿음을 갖는데도 이러한 과정이 필요하다. 처음부터 하나님을 잘 믿을 수는 없다. 우리가 하나님을 믿기 위해서는 먼저 하나님과의 교제를 통해서 하나님에 대해 알아야 한다. 하나님이 어떤 분이신지 알지 못하면 하나님을 믿을 수 없다. 우리가 상대방을 알면 알수록 신뢰 관계가 깊어지는 것처럼, 하나님께 대해 알아 나갈수록 하나님에 대한 믿음이 깊어지게 된다. 그래서 우리는 하나님에 대해 알기 위해서 하나님과 교제의 시간을 가져야 한다. 하나님이 어떤 분이신지, 하나님의 성품이 어떠신지, 하나님이 무엇을 원하시는지, 하나님의 뜻과 계획이 무엇인지, 하나님이 나를 얼마나 사랑하시는지에 대해 알아 나가야 한다. 이처럼 하나님을 알아나가는 데는 시간과 노력이 필요하다. 하나님을 알아나가는 과정이 필요하다. 하나님께 자신을 완전히 맡길 수 있는 믿음이 생길 때까지 하나님과 교제를 하며, 하나님을 인격적으로 알아 나가야 한다. 하나님을 알면 알수록 하나님께 대한 우리의 믿음도 깊어지게 된다. 그리고 이러한 믿음의 관계는 한순간으로 끝나는 것이 아니라 지속해서 깊어지고, 발전해 나가야 한다. 이런 과정을 통해서 하나님을 더 잘 믿을 수 있게 된다.

사람과 사람 사이의 신뢰 관계가 막연하거나 추상적이지 않은 것처럼, 하나님께 대한 믿음도 결코 추상적이거나 막연한 것이 아니다. 아주 실제적이고 구체적이다. 하나님은 우리를 잘 아신다. 그러나 우리는 하나님을 잘 모른다. 하나님을 모르기 때문에 하나님에 대한 신뢰가 생기지 않는다. 하나님이 우리의 아버지라는 사실을 알지 못하기 때문에 하나님을 아버지로 신뢰하고 믿지 못한다. 그러므로 우리가 하나님을 믿기 위해서는 먼저 하나님을 알아야 하고, 하나님을 알기 위해서는 삶 속에서 하나님과 교제를 해야 한다.

호세아 6장 3절은 이렇게 말하고 있다. "그러므로 우리가 여호와를 알자 힘써 여호와를 알자…" 여기에서 안다는 것은 단순히 지식적으로 아는 것을 의미하지 않는다. 이 구절에서는 '알다'는 뜻으로 히브리어 '야다'라는 단어를 사용하고 있다. '야다'는 단순히 지식적으로 '알다'는 뜻이 아니라 부부가 서로에 대해서 아는 것과 같이 인격적으로, 깊은 관계를 통해서 아는 것을 의미한다. 체험적으로 아주 친밀한 관계를 통해서 아는 것을 의미한다. 따라서 우리는 하나님과 깊은 교제를 통해서 하나님이 어떤 분이신지 알아나가야 한다. 단순히 지식으로만이 아니라 지(知), 정(情), 의(意)를 통해서 종합적으로 하나님을 알아나가는 노력이 필요하다. 이때 우리는 하나님을 믿을 수 있고, 또 잘 믿을 수 있게 된다.

"하나님을 잘 믿기 원하십니까? 오늘부터 하나님과의 교제를 시작해 보십시오. 그리고 하나님이 어떤 분인지 알아 나가십시오."

* 나도 하나님을 만날 수 있다

하나님을 믿기 위해서는 하나님이 어떤 분인지 알아야 하는데 우리가 어떻게 하나님을 알 수 있는가? 우리가 하나님을 알기 위해서는 하나님을 보거나 만나야 하는데 우리가 어떻게 하나님을 만날 수 있을까? 하나님은 우리와 본질적으로 다른 존재이며, 우리와 다른 차원에 계신 분이다. 하나님은 우리 눈에 보이지 않고, 손으로 만질 수도 없으며, 인간의 언어로 하나님과 대화를 나눌 수도 없다. 그러면 인간이 어떻게 하나님을 만나서 교제하며 하나님이 어떤 분인지 알 수 있을까?

인간과 하나님과의 관계를 개미와 인간의 관계로 비유해 보자. 개미가 어떻게 인간을 알 수 있을까? 개미가 인간의 몸 위를 기어 다니면서 열심히 관찰한다고 할지라도 인간에 대한 모든 것을 알 수 없다. 인간의 겉모습은 어느 정도 알 수 있을지 모르지만, 마음의 생각까지 이해하는 것은 불가능하다. 그러므로 개미가 가질 수 있는 인간에 대한 지식은 한계적이고 부분적일 수밖에 없다. 개미가 인간의 모든 것을 아는 것은 원천적으로 불가능하다.

하나님과 인간과의 관계도 마찬가지이다. 오히려 하나님과 인간의 관계는 인간과 개미의 관계보다 더 멀다. 그러므로 인간 자신의 노력으로 하나님을 알 수 있는 길은 매우 제한적이고 부분적이며, 거의 불가능에 가깝다. 그런데 만약 하나님이 인간에게 자신에 대해 알려주신다면 이야기는 달라진다. 인간은 하나님이 알려주시는 만큼 하나님에 대해 더 많이 알 수 있다. 그만큼 하나님에 대한 인간의 지식이 늘어날 수 있다. 그러나 이 경우에도 하나님에 대한 지식은 하나님께서 인간에게 알려주시는 정도까지로 제한된다. 다시 말하면 인간은 하나님께서 우리에게 알려주시는 범위까지만 알 수 있다. 이것이 인간의 한계이다. 따라서 한계를 인식하고 쓸데없이 상상의 나래를 펼 것이 아니라 하나님께서 알려주시는 범위 내에서 열심히 듣고 배우고 체험하며 하나님을 알아나가야 한다.

그렇다고 스스로 하나님과의 교제를 한계지으며 마음에 일어나는 합리적인 의문을 감출 필요는 없다. 우리가 생각하는 것보다 하나님은 우리에게 자신에 대해 훨씬 더 많이 알려주시기 때문이다. 우리가 하나님과 교제하며 하나님을 믿을 수 있을 만큼 충분한 지식을 하나님은 우리에게 이미 알려주셨기 때문이다. 단지 필요 이상의 상상이나 의문, 의심을 위한 의심은 하지 말자는 것이다. 이는 하나님에 대한 믿음을 깊게 하는 것이 아니라 오히려 하나님과의 교제를 방해하고 쓸데없는 의심만 쌓기 때문이다. 우리의 지식과 감성, 의지를 모두 활용하여 힘써 하나님에 대해 질문을 던지자. 그리고 하나님에 관해 공부하고 연구하며 하나님을 알아나가자.

* 자연 만물 속에 숨겨진 하나님

그럼 지금부터 하나님이 어떻게 우리에게 자신을 알려주시며, 우리가 어떻게 하나님을 알 수 있는지 구체적인 방법에 대해서 알아보기로 하자. 하나님이 우리에게 자신을 알려주시는 것을 신학적인 용어로 계시라고 한다. 하나님은 크게 두 가지 방법을 통해서 우리에게 자신을 계시하신다. 한 가지는 자연 계시이고, 다른 한 가지는 특별 계시이다. 자연 계시는 하나님께서 창조하신 자연을 통해서 알려주시는 방법이고, 특별 계시는 하나님께서 직접 말씀을 통해서 알려주시는 방법이다. 자연 계시에 대해 먼저 살펴보기로 하자.

자연 계시는 하나님께서 창조하신 모든 만물 안에 하나님의 능력과 신성이 담겨있기 때문에, 우리가 피조물을 자세히 살펴보면 하나님을 알 수 있다는 것이다. 로마서 1장 20절에서 바울은 이렇게 기록하고 있다. “창세로부터 그의 보이지 아니하는 것들 곧 그의 영원하신 능력과 신성이 그가 만드신 만물에 분명히 보여 알려졌나니 그러므로 그들이 핑계하지 못할지니라" 사도 바울은 하나님이 만드신 만물 안에 하나님의 능력과 신성이 담겨 있다고 분명히 기록하고 있다. 그래서 우리가 우주만물을 자세히 관찰하면 그 속에서 하나님을 발견할 수 있으며, 인간은 하나님을 모른다고 핑계를 댈 수 없다.

미술 시간에 선생님이 어떤 그림을 보여주면서 작가를 맞추는 문제를 내었던 기억이 난다. 그때는 왜 이런 문제를 내는지 이해가 되지 않고 어렵게만 느껴졌다. 그런데 돌이켜 보면 이런 문제를 내는 목적은 학생들이 작가의 특성을 파악하도록 하는 것이었음을 짐작할 수 있다. 이는 그림 속에 작가의 생각이나 사상이 담겨있으며, 작가는 자신만의 고유한 특성으로 그것을 표현하였다는 것을 의미한다. 이는 문학 작품도 마찬가지이다. 문학 작품 속에도 작가의 의도나 생각 등 작가의 모습이 담겨있으며, 작가 고유의 특성으로 그것을 표현한다. 그래서 우리는 작품을 통해서 작가의 생각을 이해하고, 작가를 만나게 되며, 작가에 대해 알아 나가게 된다.

이 세상은 하나님의 작품이다. 그러므로 우리는 이 세상을 통해서 하나님의 생각이나 뜻을 알 수 있으며, 하나님이 어떤 분이신지 알 수 있다. 별이 빛나는 하늘, 사계절 옷을 갈아입는 나무들, 사람들의 마음을 기쁘게 하는 형형색색의 꽃들…. 대학시절 학교 뒷산 중턱에 기숙사가 있었다. 기숙사 바로 앞에 은행나무들이 줄을 지어 서 있었는데, 어느 토요일 오후 창가에 서서 노란 은행잎들을 바라보다가 그 아름다움에 빠져 들어 한참을 말없이 쳐다본 적이 있었다. 같은 나무에 있는 노란 잎들 중에도 색깔이나 모양이 똑 같은 것이 단 하나도 없었다. 어쩌면 이렇게 다양하고 아름다울 수가 있을까! 감탄이 절로 터져 나왔다. 정말 오묘한 창조자의 손길에 경외심을 표시하지 않을 수 없었다.

이처럼 우리는 이 세상을 보면서 창조주 하나님의 손길을 발견하고, 그분의 오묘하심을 알 수 있다. 이것이 바로 자연 계시이다. 그림이나 문학 작품 속에 작가의 생각이 담겨있으며, 이런 작품을 통해서 우리가 작가를 알 수 있듯이, 하나님의 작품인 우주 만물을 통해서 하나님은 우리에게 자신을 보여주신다. 하나님의 생각이나 계획, 하나님의 성품을 보여주신다. 바울이 이야기한 것처럼 하나님의 작품인 우주 만물 속에는 하나님의 영원하신 능력과 신성이 담겨있기 때문이다.

그러나 자연 계시로 하나님을 알 수 있는 범위는 매우 제한적이다. 자연 계시를 통해 우리는 하나님이 우주 만물을 만드신 창조주라는 사실을 발견할 수 있다. 그러나 하나님이 우리의 아버지가 되시고, 우리의 왕이 되시며, 예수님이 우리의 구주가 되신다는 사실과 같이 인격적인 하나님을 발견하기는 쉽지 않다. 하나님을 인격적으로 알고 구원을 얻게 하는 믿음을 갖게 하는 데는 분명 한계가 있다.

* 성경 속에서 이루어지는 하나님과의 만남

앞서 우리는 자연 계시가 지니는 분명한 한계를 보았다. 어떻게 자연 계시의 한계를 극복할 수 있을까? 자연 계시의 한계를 극복할 수 있게 해주는 것이 바로 특별 계시이다. 특별 계시는 하나님이 초월적인 방법을 통해서 소수의 특별한 사람들에게 자신을 구체적으로 계시해 주신 것이며, 이것을 글로 표현한 것이 바로 성경이다. 성경은 하나님이 우리에게 하나님 자신에 대해 알려주시는 책이라고 할 수 있다. 그러므로 하나님을 만나고 알 수 있는 가장 확실한 길이 바로 성경이다. 따라서 성경을 읽거나 공부하지 않고 하나님을 만나고 알고 믿는다는 것은 거의 불가능에 가깝다. 우리가 성경을 읽지 않으면 하나님을 만날 수 없고, 만나지 못하면 알 수 없으며, 하나님을 알지 못하면 하나님께 대한 믿음을 갖지 못한다. 그리고 믿음이 없으면 구원에 이르지 못하게 된다. 우리가 성경을 읽어야 하는 이유가 바로 여기에 있다.

성경을 모르고 하나님을 믿는다는 말은 거짓말에 가깝다. 거의 있을 수 없는 일이다. 직통 계시를 받는다고 하는 사람도 있는데 성경에 근거하지 않은 직통 계시는 거짓말에 불과하다. 그러므로 우리는 직통 계시를 받았다는 말을 들었을 때 그냥 믿을 것이 아니라 그 내용의 진위를 분별해 봐야 한다. 직통 계시를 분별하는 기준은 성경이다. 그래서 우리는 성경을 캐논이라고 말한다. 성경 말씀에 비추어 볼 때만 직통 계시가 참인지 거짓인지를 분별할 수 있다. 그러므로 우리가 직통 계시를 분별하기 위해서도 반드시 성경을 알아야 한다. 그것도 성경 말씀을 잘 알아야 한다. 그래야 헛된 거짓에 속지 않고 대적할 수 있다. 우리는 성경을 올바로 읽고 이해하는 것이 하나님을 믿을 수 있는 가장 확실한 길임을 명심해야 한다.

How 성경?

그런데 성경은 다른 책과 달리 공부를 하되 제대로 공부하고 이해해야 한다. 성경 말씀을 잘못 이해하면 성경이 우리를 생명으로 인도하는 것이 아니라 멸망의 길로 인도하기 때문이다. 우리가 아는 이단들도 성경을 사용한다. 그런데 왜 이단으로 빠졌을까? 성경을 자기 나름의 관점을 가지고 읽었기 때문이다. 성경은 하나님이 특별한 의도를 가지고 인간 저자를 통해서 기록하셨다. 그러므로 자기 나름의 관점을 가지고 성경을 이해하면 오류에 빠지게 된다. 저자의 의도, 하나님의 의도를 파악해야 한다. 그래서 성경은 제대로, 잘 공부해야 한다.

개인적으로 나는 초등학교 4학년 때 성경을 처음으로 접하게 되었다. 도서관에서 방학 때 원하는 학생들에게 책을 몇 권씩 빌려주었다. 그래서 나도 도서관에서 책을 몇 권 빌렸는데 그중에 한 권이 '구약 이야기'라는 책이었다. 지금 성경처럼 멋있게 제본된 책이 아니라 전집 중에 한 권으로 일반적인 이야기책처럼 보였다. 나는 이 책을 재미있는 옛날이야기 책으로 생각하고 빌리게 되었다. 그런데 이 책을 읽자마자 이상한 점을 발견하게 되었다. 사람들이 900살 이상 산다는 점이었다. 그래서 이 책을 신화나 전설로 여기게 되었다. 좀 더 읽어 나가자 이제는 아버지가 아들을 죽이려고 하는 장면이 나왔다. 보수적인 집안에서 자란 나에게는 정말 이해하기 힘든 장면이었다. 그래서 이 책을 계속 읽어야 할지 망설이게 되었다. 그래도 호기심에 계속해서 읽어나갔는데 이번에는 시아버지와 며느리가 관계를 맺는 장면을 읽게 되었다. "대체 어떻게 인간의 탈을 쓰고 이런 일을 행할 수가 있지"라고 생각하면서 더는 읽으면 안 되겠다고 생각하며 구약 이야기라는 책을 덮게 되었다. 그때까지 나는 교회에 가 본적도 없었고, 주위에도 교회에 다니는 사람이 아무도 없었기 때문에 성경에 대해서 들어본 적이 없었다. 이것이 나와 성경의 첫 만남이었다.

사람들에게 성경을 그냥 읽어보라고 하면 이러한 관점을 가지고 성경을 읽을 수도 있다. 처음 성경을 접했을 때 만약 누군가가 성경이 어떤 책인지 어떤 관점을 가지고 읽어야 하는지 가르쳐주는 사람이 있었다면 나는 아마 성경을 쓸모없는 책이라고 생각하지 않았을 것이다. 그러다가 중학교 2학년 때 처음 교회를 나가게 되었으며, 성경을 다시 접하게 되었다. 이때부터 성경을 보는 눈이 변하게 되었다. 성경은 내가 그랬던 것처럼 잘못 읽으면 오해하기 쉬운 책이다.

* 성경 파먹기

"성경을 어떤 관점을 가지고 읽어야 하는가"에 대해서 알아보기 전에 먼저 성경을 어떤 자세로 대해야 하는지에 대해서 잠시 생각해 보기로 하자. 우리가 흔히 빠지게 되는 오류 가운데 하나가 성경책 자체를 지나치게 거룩한 존재로 생각한다는 점이다. 이는 하나님의 말씀으로서의 성경이 아니라 책으로서의 성경을 이야기하는 것이다. 많은 사람이 성경책 자체를 신비롭고 거룩한 존재로 여긴다. 어떤 사람이 이사할때 책 정리를 하다가 오래되어 낡고 헤어져서 쓸모없게 된 성경책을 발견하였는데 함부로 버릴 수가 없었다는 말을 들은 적이 있다. 성경책 자체를 성물로 여기기 때문이다. 과연 이것이 성경에 대한 올바른 자세일까?

어릴 때 안방의 한쪽 구석 선반 위에 조그마한 항아리가 하나 있었다. 그 안에는 쌀이 가득 담겨 있었으며, 해마다 추수 때가 되면 어머니는 묵은쌀을 꺼내고 온 정성을 다하여 햅쌀로 그 항아리를 다시 채우셨다. 나중에 알게 되었지만, 이것이 바로 조상신을 섬기는 신줏단지였다. 그리고 집안에 특별한 일이 있으면 신줏단지 앞에 가서 절을 하기도 하고, 음식을 올리기도 했던 것 같다. 정성껏 모시지 않으면 부정한 일이 일어날지도 모른다고 생각하여, 온갖 정성을 다하여 신줏단지를 모셨다. 신줏단지는 그 자체로 집안사람 누구도 감히 함부로 대할 수 없는 성물이었다.

이런 문화적인 배경 때문인지는 몰라도 오늘날도 성경책 자체를 마치 신줏단지 모시듯이 하는 경우를 가끔 보게 된다. 집안에서 가장 높고 성스러운 곳에 성경책을 보관해두기도 하고, 성경을 읽다가 이해가 안 되더라도 질문하는 것을 주저하기도 한다. 이는 성경책 자체를 성스러운 물건으로 여기기 때문이다.

그러나 성경은 신비 속에 쌓여 있는 책이 아니다. 성경도 다른 책들과 마찬가지로 책에 불과하다. 우리가 정말 거룩하게 여겨야 할 것은 성경책 자체가 아니라 그 속에 담긴 하나님의 말씀이다. 하나님께서 말씀을 통해 자신을 계시하시기 때문이다. 따라서 성경책 속에 담긴 하나님의 말씀을 읽고 이해하고, 그 속에서 하나님을 발견하는 것이 중요하다. 성경을 높은 곳에 올려놓고 성물처럼 바라볼 것이 아니라, 성경을 읽고, 분석하고, 파헤치며, 연구해야 한다. 성경을 대하는 우리의 태도, 우리의 생각을 바꾸어야 한다. 쉽게 말하면 성경을 바라보는 우리의 관점을 전환할 필요가 있다.

딸아이가 세 살쯤 되었을 때의 일이다. 어느 주말 오후에 딸과 함께 그림책을 보고 있었다. 그림책에는 사과나무가 있고 그 나무에는 빨간 사과가 먹음직스럽게 달려 있었다. 그런데 사과나무를 보고 있던 딸아이가 눈을 동그랗게 뜬 채 갑자기 이런 질문을 던졌다. “아빠, 사과가 나무에 어떻게 올라갔어?” 순간 뭔가로 머리를 한 대 맞은 것 같았다. 지금까지 수없이 많이 사과나무를 보았지만, 사과가 나무에 올라간다는 생각은 해 본 적이 없었기 때문이었다. 처음에는 “무슨 이런 질문이 다 있지” 라고 생각하였다. 딸아이에게 뭐라고 대답해야 할지 순간 막막하였다.

그러나 다음 순간 딸아이의 질문이 이해되었다. 아직 딸아이는 사과나무에서 꽃이 피고 거기에 수정이 이루어져서 작은 사과가 맺히게 되며, 그 사과가 점점 커져서 우리가 먹는 맛있는 사과가 된다는 것을 본 적도 들은 적도 없었기 때문이었다. 딸아이의 입장에서는 사람이 나무에 올라가듯이 빨간 사과가 나무에 올라가서 앉아 있다고 생각하는 것이 당연한 일이었다. 어찌 보면 어이없는 일이지만 이 조그만 사건은 고정적인 시각으로 사물이나 사건을 바라보던 나의 시각을 바꿔주는 중요한 계기가 되었다.

성경을 바라보는 우리의 눈도 자신만의 고정적인 시야 속에 갇혀 있을 수 있다. 성경책 자체를 너무나 거룩하게 여겨서 감히 가까이할 엄두를 못 내고 있는지도 모른다. 너무나 거룩한 책이기 때문에 성경을 읽고 분석하고 파헤치는 일은 생각지도 못하며, 성경 내용에 대해 의문을 제기하면 안 되는 것처럼 여길 수도 있다.

성경은 과연 너무 거룩하여서 우리가 가까이하면 안 되는 책일까? 하나님은 성경 말씀을 마음에 새기고, 집에 앉아 있을 때나 길을 걸어갈 때나, 심지어 누워있을 때도 자녀들에게 부지런히 가르치라고 하셨다.(신명기 6:6~7) 그리고 시편에서는 주의 율법을 즐거워하며, 밤낮으로 율법을 묵상하는 자가 복 있는 사람이라고 하였다. 여기에서 '묵상하다'는 의미는 단순히 마음속으로 생각할 뿐만 아니라 '연구하고 고찰하다'는 의미도 내포하고 있다. 우리는 하나님을 알고 믿기 위해서 먼저 성경을 읽고 연구하며, 성경 속에 담긴 하나님의 말씀을 듣고 이해해야 한다. 한 마디로 성경을 열심히 공부해야 한다.

최근에 '냉장고 파먹기'라는 말이 유행한 적이 있다. 어디에 뭐가 있는지 모르는 냉장고 구석구석에 쌓여있는 음식을 다 파먹는다는 의미이다. 성경은 66권의 책으로 이루어진 방대한 책이다. 분량도 많고 담겨있는 내용도 많다. 구석구석에 진귀한 보화들이 숨겨져 있다. 오늘부터 성경 말씀을 읽고 묵상하고 연구하며 좀 더 체계적으로 성경 파먹기에 도전해 보자. 그리고 이를 통해 호세아 선지자의 말씀처럼 힘써 여호와를 알아 나가자. 하나님을 전적으로 신뢰할 수 있을 때까지 하나님에 대한 우리의 지식을 쌓아 나가자. 이것이 구체적으로 하나님과 교제하는 길이다.

* 성경에 맞는 안경을 끼자

우리가 똑같은 사물을 볼 때도 어떤 안경을 끼고 보는가에 따라 사물이 달라 보인다. 빨간 안경을 쓰고 보면 사물이 빨갛게 보이고, 파란 안경을 끼고 보면 파랗게 보인다. 오목렌즈를 끼고 보면 사물이 작게 보이고, 볼록렌즈를 끼고 보면 크게 보인다. 개인적으로 나는 근시와 난시가 아주 심한데 난시를 교정해 주지 않으면 물건이 여러 개로 겹쳐 보인다. 그래서 불편할 때도 많지만 때로 좋을 때도 있다. 밤하늘에 떠 있는 초승달을 볼 때면 초승달이 여러 개로 겹쳐져 매우 아름다운 장관을 연출하기 때문이다.

앞에서 성경은 역사책이라고 하였다. 성경이 역사책이라고 할 때 성경을 읽기 전에 우리가 한 가지 주목해야 할 점이 있다. 바로 성경을 기록한 관점이다. 다른 말로 하면 '어떤 안경을 끼고 성경을 읽어야 하는가'의 문제이다. 역사책은 그 책을 기술한 저자가 어떤 관점을 가지고 기술했는지가 매우 중요하다. 역사가는 단순히 역사적인 사건을 사실적으로 묘사하는 것을 목적으로 하지 않는다. 역사가는 자신만의 관점으로 사건을 바라보고 해석하여 독자들에게 메시지를 주고자 한다. 같은 사건이라도 보는 사람의 관점에 따라 다르게 해석되는데, 우리는 이것을 사관이라고 한다.

우리나라 삼국시대의 역사를 기록하고 있는 두 권의 유명한 역사책이 있다. 바로 삼국사기와 삼국유사이다. 삼국사기와 삼국유사는 같은 삼국시대의 역사를 기록하고 있지만 두 책을 기록한 저자의 관점은 매우 다르다. 삼국사기의 저자는 김부식이다. 김부식은 고려 시대의 유명한 유학자이다. 그래서 그는 삼국시대의 역사를 유학자의 관점에서 기록하였다. 반면에 삼국유사는 일연이라는 승려가 기록하였다. 그는 불교의 관점에서, 승려의 관점에서 삼국시대의 역사를 기록하였다. 그래서 같은 시대의 역사를 다루고 있지만, 내용은 여러 면에서 차이를 보인다. 이는 역사를 기록한 관점이 얼마나 중요한지를 보여주는 단적인 예이다.

그러므로 우리가 성경을 읽을 때 성경이 어떤 관점을 가지고 기록되었는지 생각해 보아야 한다. 성경에서는 어떤 사건을 중요하게 여기고 의미 있게 다루고 있는가? 최근에 발생한 중요한 역사적인 사건이라고 할 수 있는 북미정상회담이나 남북정상회담과 같은 사건을 하나님께서는 어떻게 보실까? 또한 신자들이 열심히 하는 봉사나 전도 활동을 하나님은 어떻게 평가하는지, 어떤 역사적 의미를 지니는지 생각해 보아야 한다.

우리는 성경을 통해서 하나님께서 무엇을 중요하게 여기시고 의미 있게 다루시는지 알 수 있다. 보통 한 나라의 역사를 기록할 때 그 나라를 정치·경제적으로 부강하게 한 왕을 중요하게 다룬다. 왜냐하면 왕의 역할 중에서 외적으로부터 백성들을 보호하고, 나라를 강성하게 하며, 정치적으로 안정을 구가하고, 경제적으로 번영을 누리며 태평성대를 이루는 것을 가장 중요하게 여기기 때문이다. 우리는 이런 업적을 남긴 왕을 위대한 왕이라고 인정하며 존경과 칭찬을 아끼지 않는다.

그러면 성경은 역사적 사실을 어떤 관점을 가지고 기술하고 있는가? 솔로몬이 죽은 이후 이스라엘 영토를 가장 넓게 확장하고 경제적으로 번영한 시기는 여로보암 2세 때이다. 일반적인 나라의 역사적 관점에서 보면 여로보암 2세는 이스라엘의 국력을 강성하게 한 왕으로 칭송을 받으며, 위대한 왕으로 인정받았을 것이다. 그런데 성경에서는 이러한 여로보암 2세를 어떻게 다루고 있는가?

우선 성경을 많이 읽은 사람들조차도 대개 여로보암 2세가 어떤 왕이었는지 기억하지 못할 것이다. 여로보암 2세라는 이름 자체도 생소하게 들리는 사람이 많을 것이다. 왜냐하면 성경에서는 여로보암 2세에 대해서 별로 중요하게 기록하고 있지 않기 때문이다. 열왕기하 14장에서 여로보암 2세에 대해 기록하고 있는데 41년간 북이스라엘의 왕으로 재임하였으나, 여호와 보시기에 악을 행하였으며, 이스라엘 영토를 하맛어귀로부터 아라바 바다까지 회복하였다고 몇 줄로 기록하고 있는 내용이 전부이다. 북이스라엘을 가장 강성하게 만든 왕에 대한 기록으로는 너무 간단하다.

사람들에게 솔로몬 이후 이스라엘의 왕 중에서 가장 기억에 남는 왕이 누구냐고 물으면 거의 대부분의 사람이 아합 왕이나 히스기야 왕을 이야기한다. 실제로 아합 왕이나 히스기야 왕은 정치 경제적으로는 큰 업적을 남긴 인물들이 아니다. 특히 히스기야 왕이 다스릴 때는 우리가 아는 것과 같이 앗수르(앗시리아)의 침략으로 나라가 풍전등화와 같은 상황에 처해 있었다. 그런데 왜 사람들은 여로보암 2세가 아닌 아합이나 히스기야와 같은 왕들을 기억하고 있는 것일까?

이는 성경에서 여로보암 2세보다 아합 왕이나 히스기야 왕에 대해서 훨씬 중요하게 다루고 있기 때문이다. 열왕기서를 보면 열왕기상 16장부터 22장까지 아합 왕과 그 집안에 대한 이야기가 매우 자세하게 기록되어 있다. 물론 아합 왕이 통치하던 시대에 활동했던 선지자인 엘리야와 엘리사에 대한 이야기도 함께 언급되어 있다. 열왕기상은 22장으로 구성되어 있는데 거의 삼분의 일이 아합 왕과 그 시대를 배경으로 일어난 사건을 기록한 내용으로 이루어져 있다. 또한 히스기야 왕에 대해서도 열왕기하 18장부터 20장까지 세 장에 걸쳐서 매우 자세하게 기록하고 있다.

왜 성경은 북이스라엘과 남유다의 많은 왕들 중에서 아합 왕과 히스기야 왕을 중요하게 여기고 이렇게 자세하게 기록하고 있는가? 여기에서 우리는 하나님께서 성경을 어떤 관점을 가지고 기록하셨으며, 하나님께서 무엇을 중요하게 여기시는가를 알 수 있다. 성경은 일반적인 역사책에서 기록하고 있는 정치·경제적인 시각이 아니라 하나님 나라의 회복이라는 관점으로 기록되어 있다. 왜냐하면 하나님께서는 궁극적으로 하나님 나라를 회복할 계획을 세우시고, 세상 역사를 하나님 나라 회복이라는 관점에서 이끌어 나가고 있기 때문이다.

일반적인 세상 역사를 기록하는 관점에서는 별로 중요하게 여기지 않지만, 하나님 나라 회복이라는 관점에서 볼 때 북이스라엘과 남유다의 많은 왕 중에서 가장 두드러지는 왕이 바로 북이스라엘의 아합 왕과 남유다의 히스기야 왕이다.

아합 왕의 아버지인 오므리는 시돈과 동맹을 맺고 아들인 아합에게 시돈 왕의 딸인 이세벨을 아내로 맞이하게 했다. 이세벨은 바알과 아세라를 섬기던 자로서 사마리아에 바알 사당을 짓고 제단을 쌓았으며, 아세라 목상을 만들어서 숭배하였다. 그래서 성경은 아합 왕을 그 전의 모든 사람보다 여호와 보시기에 악을 더욱 행하여 여호와의 노를 격발하였다고 기록하고 있다.(열왕기상 16:30~33) 이처럼 아합 왕은 그 아내 이세벨과 함께 하나님을 섬기던 이스라엘 백성들을 우상인 바알을 숭배하도록 하는 데 결정적인 역할을 하였다. 따라서 하나님 나라 회복이라는 관점에서 볼 때 아합 왕은 이를 방해하는 가장 악한 왕으로 평가 받고 있는 것이다.

반면에 히스기야는 아버지인 아하스 왕이 허물었던 성전을 수리하고, 산당을 제거하고 우상을 깨뜨리며 여호와 하나님께 대한 신앙을 회복시켰다. 그는 여호와 하나님을 의지하였으며,다윗과 같이 여호와께서 보시기에 정직하게 행하였다. 그래서 성경은 그를 유다 왕 중에서 여호와를 가장 잘 믿고 잘 섬긴 왕으로 평가하고 있다.

앗수르(앗시리아)가 BC 722년에 북이스라엘을 멸망시키고, 이어서 남유다를 점령하기 위해 쳐들어왔다. 이때 앗수르는 남유다를 멸망시키는 것이 여호와의 뜻이고, 여호와는 결코 남유다를 구원할 수 없으며, 남유다에 말을 탈 수 있는 사람이 있으면 2천 마리의 말을 줄 테니까 한번 싸워보자고 말하였다. 이처럼 앗수르가 여호와 하나님을 멸시하고 남유다를 조롱하였다. 이 말을 들은 히스기야 왕은 옷을 찢고 굵은 베를 두른 채 성전에 들어가서 기도하였으며, 이사야 선지자에게 사람을 보내어 기도를 부탁하였다. 이때 여호와 하나님은 사자를 보내어 십팔만 오천 명이나 되는 앗수르 군대를 하룻밤 사이에 치셨으며, 이사야의 예언대로 앗수르 왕 산헤립은 니느웨로 돌아가서 아들들의 칼에 맞아 죽게 되었다.

정치·경제적으로는 나라가 멸망할 수밖에 없는 미약한 상황에 처해 있었지만, 하나님 나라 회복이라는 관점에서 볼 때 히스기야는 남 유다의 왕 중에서 가장 위대한 왕이었으며, 하나님 나라의 회복에 가장 크게 기여한 왕이었음이 틀림없다. 그래서 열왕기서에서 뿐만 아니라 이사야서에서도 히스기야 왕은 중요한 부분을 차지하고 있다.

문재인 대통령의 미국 방문이나 트럼프 대통령과의 정상회담, 북미 정상회담은 우리나라 역사나 세계사적으로 볼 때 중요한 역사적 사건임이 틀림없다. 그러면 이 사건들이 성경적인 관점에서 보았을 때도 과연 중요한 의미를 지니고 있을까? 그렇지 않을 수도 있다. 반면에 우리가 하나님을 믿고 전도하고 봉사하는 것은 하나님 편에서 보실 때 어떤 의미를 지니고 있는 것일까? 지금 우리가 하는 전도나 성경 공부, 예배가 성경적 관점에서 어떤 의미가 있는지 생각해 보아야 한다. 믿지 않는 한 사람에게 복음을 전파하고, 하나님께 예배를 드리고, 성경을 가르치고 공부하는 것이 어떤 역사적 의미를 지니는지 생각해 볼 필요가 있다. 이때 필요한 것이 성경에 맞는 안경을 끼는 일이다.

여기에서 우리는 하나님께서 어떻게 역사를 이끌어 나가시며, 무엇을 중요하게 여기시는가를 분명히 볼 수 있다. 하나님은 세계 역사에 길이 남을 만한 중요한 인물이 되고, 위대한 업적을 남기는 것을 높이 평가하지 않으신다. 오히려 하나님을 믿고 의지하며 기도하는 사람, 하나님을 섬기고 예수님을 통해 성취된 하나님 나라를 확장하기 위해 한 영혼을 섬기며 전도하는 사람, 이름도 없이 빛도 없이 아무도 알아주지 않는 외딴곳에서 하나님 나라를 회복하고 확장하기 위해 헌신하고 희생하는 사람, 하나님은 이런 자들을 소중하게 여기시며, 이들이 행하는 사역을 하나님 나라의 역사책에 기록될만한 역사적인 사건으로 다루신다. 그러므로 우리는 하나님의 관점에서 세상 역사를 바라보는 시각을 가지고, 우리가 행하고 있는 일의 가치를 평가하며, 우리의 존재 의미를 발견해야 한다.

2장

성경의 역사

이스라엘 역사 연대기

• 이스라엘 •	연대	• 근동지역•
	BC 2100	
족장시대 (아브라함,이삭,야곱)		수메르 아카드 우르
	BC 1900	
포로시대 (애굽)		
	BC 1450	구바벨론 히타이트 앗시리아
출애굽/사사시대		
	BC 1040	
사울/다윗/솔로몬	BC 900	
	BC 931	
북이스라엘 남유다		앗시리아
	BC 722	
	BC 612	
	BC 586	신바벨론
포로시대(바벨론)		
	BC 539	
포로후기시대		페르시아
	BC 400	
	BC 330	
중간시대		헬라
	BC 30	
	BC 4	
예수님탄생		로마

지금부터 성경의 역사적 배경에 대해서 간단히 살펴보고자 한다. 구약 성경의 직접적인 배경이 되는 것이 바로 이스라엘의 역사이다. 특히 구약성경은 이스라엘의 역사를 배경으로 기록되어 있다. 그래서 이스라엘의 역사와 이스라엘 인근의 고대 근동 역사에 대해서 살펴보고자 한다. 역사적 배경을 알고 읽으면 성경을 훨씬 더 쉽고 정확하게 이해할 수 있게 된다.

인류 역사는 천지창조와 아담의 창조로부터 시작된다. 하나님께서 아담을 창조하신 후 인간은 에덴동산에서 하나님과 더불어 살게 된다. 그러나 아담이 하나님께 범죄하고, 벌을 받아 인간은 에덴동산을 상실하게 된다. 인간은 에덴동산에서는 쫓겨났지만 계속해서 번성하다가 노아 홍수로 전멸하게 된다. 다행히 하나님의 은혜로 노아와 그 가족들, 8명만 살아남게 된다. 그래서 노아와 세 아들을 통해 인류 역사가 다시 시작되지만, 바벨탑 사건으로 말미암아 민족과 언어가 나누어지게 되고, 지구 곳곳으로 흩어지게 된다. 이러한 배경 가운데서 성경에서 매우 중요하게 다루고 있는 한 인물이 등장하게 된다. 바로 이 인물이 이스라엘의 조상이요, 모든 믿는 자들의 조상이라 부르고 있는 아브라함이다.

아브라함의 활동 시대

아브라함이 과연 역사적 실존 인물인가? 실제로 아브라함을 이야기 속에 등장하는 꾸며낸 인물로 생각하는 사람들도 적지 않다. 성경은 역사책이고 역사적인 사실을 배경으로 기록된 책이라고 앞서 언급하였다. 그러므로 아브라함도 실존 인물임이 틀림없다. 그러면 아브라함은 어느 시대에 어디에서 살았던 인물일까? 성경에 등장하는 연대를 기초해서 추정해보면 아브라함은 BC 2000년경에 살았던 사람이라고 짐작해 볼 수 있다. 또한 성경은 아브라함의 고향이 갈대아 우르라고 이야기하고 있다. 따라서 아브라함이 살았던 갈대아 우르라는 곳이 실제로 존재했던 지명이며, 어디에 있었는지를 밝히면 아브라함이 역사적인 실존 인물이라는 사실에 한 걸음 더 다가가게 될 것이다.

아브라함의 고향이라고 성경에 기록되어 있는 갈대아 우르는 메소포타미아 지역에 있던 도시의 이름이다. 갈대아는 지역을 나타내는 이름이며, 우르는 도시를 일컫는다. 우르는 수메르인들이 세웠던 우르 왕조의 중심 도시 중 하나였다. 우리에게 우르남무라는 이름으로 알려진 왕이 건설했던 우르 3왕조가 수메르인들이 세웠던 마지막 왕조였다. 아브라함의 고향인 갈대아 우르는 바로 우르 3왕조 때 번성했던 도시였다. 우르 3왕조는 아라비아에서 들어온 구바벨론(구바빌로니아)에게 멸망하고, 이로 말미암아 수메르 문명은 막을 내리게 되며, 메소포타미아 지역에 바벨론 문명이 들어서게 된다.

과거 우리가 세계 최고의 성문법이라고 배웠던 함무라비 법전이 바로 바빌로니아를 번성시켰던 함무라비 왕 때에 만들어진 법이며, 이때가 대략 BC 1750년경이다. 지금은 고고학자들을 통해 고대 근동 지역에 대한 조사와 연구가 활발히 진행되고 있는 덕분에 유물과 유적이 많이 발굴되어 고대 근동 문화에 대한 새로운 사실들이 많이 알려지게 되었다. 이로 말미암아 세계 최고의 성문법도 함무라비 법전이 아니라 이보다 더 앞선 우르 제3왕조 때 만들어진 우르남무 법전으로 바뀌게 되었다.

학자 중에는 아브라함이 우르 제3왕조가 바빌로니아에 의해 멸망을 한 후 혼란한 시기에 아버지 데라와 함께 자기 족속들을 이끌고 먼저 하란으로 이주를 하였다가 가나안 땅으로 이주하여 정착하였다고 보는 견해도 있다. 아브라함이 우르에서 하나님의 부르심을 받아 가나안 땅으로 가고자 했다면, 그림 2의 지도(22쪽 참조)에서 보는 것과 같이 아라비아를 가로질러서 가는 것이 가장 빠른 길일 수도 있다. 그러나 지금도 그렇지만 아라비아는 사막 지역이다. 큰 무리의 사람들이 움직이기에는 쉽지 않은 길이다. 고대에는 도로가 주로 강을 따라서 발달하였기 때문에 아브라함이 우르에서 하나님의 부르심을 받아 가나안 땅으로 가고자 했다면, 유프라테스강을 따라 북쪽으로 이동하여 하란까지 갔다가 그곳에서 다시 하나님의 부르심을 받고 가나안 땅으로 내려와서 정착하게 되었을 것이다.

이러한 사실들은 아브라함이 역사적인 실존 인물이었다는 점을 확실히 증명해 주지는 않지만, 어느 정도 짐작할 수 있게 한다. 또한, 이를 통해 아브라함이 최소한 성경 저자가 꾸며낸 가상의 인물이 아니라 BC 2000년경에 이 땅 위에 살았던 실존 인물임을 짐작할 수 있다.

아브라함이 역사상 실존 인물이었다는 점을 간접적으로 입증해 줄 만한 또 한 가지 사건이 성경에 등장한다. 아브라함은 사랑하는 아내 사라가 죽었을 때 막벨라 굴에 장사를 지낸다. 그런데 당시 이 막벨라 굴은 아브라함의 소유가 아니라 에브론이라는 사람의 소유였다. 아브라함이 사라를 막벨라 굴에 장사 지내고자 할 때 에브론은 막벨라 굴을 그냥 사용하라고 하였지만, 아브라함은 굳이 은 400 세겔을 지급하고 에브론으로부터 이 굴을 사는 것을 보게 된다. 그런데 성경은 이 에브론을 헷족속이라고 소개하고 있다. 헷족속은 가나안 일곱 족속 중의 하나로 기록되어 있다. 다윗의 충신으로 다윗의 30 용사 중 한 사람이며, 다윗에게 아내를 빼앗겼던 우리야도 헷족속이었다.

최근 역사학자들이 밝혀낸 사실에 의하면 성경에서 이야기하는 헷족속이 바로 세계사에서 히타이트라고 기록된 민족이다. 히타이트는 아나톨리아 지역(지금의 터키)을 중심으로 번성했던 나라이며, 세계 최초로 철기 문명을 발전시키고 한때 고대 근동에서 세력을 펼쳤던 나라이다. 함무라비 왕 때 전성기를 누렸던 구바빌로니아를 멸망시킨 나라가 바로 히타이트다. 이를 통해 볼 때 성경에 등장하는 헷족속이 가상의 민족이 아니라 실제 이 땅 위에 존재했던 민족임을 알 수 있다.

우리가 성경을 공부할 때 한 가지 고려해야 할 점이 바로 이런 역사적인 배경, 지리적인 배경의 중요성이다. 이런 점들을 고려하지 않고도 성경을 읽을 수 있지만, 이와 같은 역사적인 배경이나 지리적인 상황 등에 대해 먼저 이해를 하고 성경을 읽으면 성경의 내용을 좀 더 깊이, 좀 더 풍성하게, 그리고 좀 더 쉽게 이해할 수 있다. 1장에 있는 그림 2의 지도(22쪽 참조)에 명시된 지명도 익혀두면 성경을 읽는 데 도움이 된다. 요단 동편 지역의 맨 아래쪽에 있는 곳이 에돔이고, 그 위가 모압, 암몬이 자리 잡고 있다. 에돔은 야곱(이스라엘)의 형인 에서의 후손들이 세운 나라이며, 모압과 암몬은 아브라함의 조카 롯의 딸들의 후손이 세운 나라이다.

모세의 활동 시대

아브라함과 이삭, 야곱, 요셉 등 족장들 다음에 성경에 등장하는 인물이 모세이다. 성경 강의를 하다가 모세오경을 모세가 기록했다고 이야기하자, 어떤 분이 갑자기 이런 질문을 하였다. "모세가 실존 인물이었습니까?" 모세가 역사적인 실존 인물이 아니라면 모세가 기록했다고 전해 내려오는 모세오경은 허구가 되고, 결국 성경이 역사적인 사실을 배경으로 기록되었다는 성경의 역사성이 무너지게 된다. 모세는 정말 역사적인 실존 인물인가?

성경에 등장하는 사건들을 통해 연대를 계산해보면 모세가 등장하는 시기는 대략 BC 15세기경이다. 물론 학자들에 따라 BC 13세기경으로 이야기하는 경우도 있다. 어느 설을 택하든 이 시기는 이집트의 신왕국 시대로 이집트 역사상 가장 번성했던 시기이다. 당시 이집트는 이 지구상에서 가장 문명이 발달하고 학문적인 수준이 높았던 나라라고 할 수 있다. 모세는 이집트가 전성기를 누리고 있을 때, 바로의 궁중에서 최고 수준의 학문을 배우고, 최고의 문화적인 혜택을 누리며 살던 사람이다.

학자 중에는 모세가 출애굽 하던 시기를 이집트 18왕조 때 팔레스타인 지역으로 원정을 했던 아멘호텝 2세가 통치하던 시기라고 보며, 모세를 데려다가 키웠던 이집트의 공주를 투트모세 1세의 딸인 하셉수트 공주라고 보기도 한다. 아마 이집트의 18왕조 때의 왕이었던 아멘호텝 2세나 투트모세 1세, 하셉수트 공주를 가상의 인물이라고 보지는 않을 것이다. 그러면 왜 모세는 가상의 인물이라고 생각하는 것일까? 성경에 등장하는 사건이나 인물을 막연히 신화나 전설 속에 등장하는 가상의 인물로 생각하는 사람들을 볼 때마다 마음이 씁쓸해진다. 모세가 이스라엘 민족을 이끌어 출애굽 하던 시기에 고대 근동에서는 히타이트가 번성하고 있었다.

성경에 따르면 모세는 출애굽을 한 후 시내산에서 하나님과 언약을 맺고 십계명을 받게 된다. 그러나 20세 이상의 이스라엘 남자들은 하나님께 대한 불신으로 가나안 땅에 들어가지 못한다. 모세도 가나안 땅에 들어가지 못하고 모압 평지에서 가나안 땅만 바라보고 죽게 된다. 그리고 여호수아가 모세를 계승하여 이스라엘 백성들을 이끌고 요단강을 건너 가나안 땅에 들어가서 가나안 정복 전쟁을 치르게 된다. 그러나 여호수아도 가나안 땅을 완전히 정복하지 못하고 죽게 되며, 여호수아가 죽은 후 이스라엘은 사사들이 다스리는 소위 사사 시대로 접어들게 된다.

사사 시대와 왕정 시대

사사 시대는 하나님이 이스라엘의 왕이 되셔서 직접 다스리는 신정 통치 시대라고 할 수 있으며, 사사는 그 시대마다 필요에 따라 하나님이 세우신 재판관들이었다. 여호수아가 죽은 후부터 사무엘 선지자가 활동하던 시기로 사울 왕이 등장하기까지 약 400년간을 사사 시대라고 한다. 드보라나 기드온, 입다나 삼손 같은 사람들이 이 시대에 활동했던 대표적인 사사들이다.

이후 이스라엘은 사울 왕이 이스라엘의 초대 왕으로 등장하게 되고, 다윗과 솔로몬으로 그 왕위가 이어지는데 이때를 왕정 시대라고 한다. 솔로몬이 활동하던 시기가 대략 BC 1000년경이며, 사울로부터 시작된 이스라엘의 왕정 시대는 남유다가 신바벨론(신바빌로니아)에 멸망하는 BC 586년까지 이어진다.

솔로몬이 죽은 후 이스라엘은 북이스라엘과 남유다로 나라가 분단되는 아픔을 겪게 된다. 마치 지금 우리나라가 남과 북으로 분단된 것과 비슷한 형국이었다. 이 무렵 고대 근동의 패권 국가로 번성한 민족이 바로 앗시리아다. 개혁개정 성경에는 앗시리아를 앗수르라고 표현하고 있다. 앗시리아는 BC 2000년 이전부터 등장하여 큰 세력을 이루었으나 흥망성쇠를 거듭하다 이 무렵에 가장 강대한 제국을 형성하게 된다. BC 722년에는 북이스라엘을 멸망시키고, 남유다까지 침략하게 된다. 앗시리아는 북이스라엘을 멸망시킨 후 이주 정책을 써서 그곳에 살던 이스라엘 자손들을 다른 지역으로 이주시키고, 이방인들을 그곳에 와서 살게 한다. 이로 말미암아 북이스라엘은 이방인의 땅으로 전락하게 된다. 이때 남유다를 다스리던 왕이 하나님을 의지하는 믿음의 왕으로 알려진 히스기야 왕이었다.

이사야 36장~37장에 이 당시의 모습이 잘 묘사되어 있다. 앗수르의 왕 산헤립이 대군을 이끌고 남유다에 쳐들어와서 여호와 하나님이 구원하지 못할 것이라며 하나님을 모독하였다. 그리고 말 이천 필을 거저 주어도 탈 사람이나 있느냐며 남유다를 멸시하였다. 이 말을 전해 들은 히스기야는 옷을 찢고 굵은 베옷을 입고 성전에 나가서 기도하였다. 그리고 이사야 선지자에게도 사람을 보내어 기도를 부탁하였다. 결국 18만 5천 명에 이르는 앗수르 군대는 이사야 선지자의 예언대로 화살 하나도 쏘아보지 못한 채 하룻밤 사이에 여호와의 사자에 의해 전멸을 당하게 되며, 산헤립 왕은 니느웨에 돌아가서 아들들의 칼에 죽임을 당하게 된다. 결국 남유다도 앗시리아의 침략을 받아 나라가 멸망할 위기에 처하였지만, 히스기야 왕과 같은 믿음의 왕 덕분에 멸망을 면하게 되었다.

이후 앗시리아는 새롭게 고대 근동의 패권 국가로 떠오르고 있던 바빌로니아(신바빌로니아임)의 침략을 받아 BC 612년에는 수도인 니느웨가 함락을 당하게 된다. 니느웨가 함락을 당한 후 앗시리아는 하란에서 부흥 운동을 꾀하게 되는데 이때 앗시리아는 이집트[1]에 도움의 손길을 청하게 된다. 고대 근동의 새로운 강자로 떠오르는 바빌로니아 세력을 저지하고자 애굽의 바로인 느고가 칼케미시[2]로 출정을 하게 되며, 이로 말미암아 유명한 칼케미시 전투가 일어나게 된다. 칼케미시 전투는 세계사적으로도 중요한 의미가 있는데 이 전투에서 패배한 앗시리아는 역사에서 영원히 사라지게 되고, 예레미야 선지자의 예언대로 애굽은 약소국가로 전락하게 된다.

애굽의 바로 느고가 바빌로니아와 전쟁을 하기 위하여 갈그미스로 올라갈 때 남유다를 다스리던 왕이 바로 남유다의 종교개혁을 일으켰던 요시야 왕이었다. 당시 요시야는 남유다의 전통적인 적국이었던 앗시리아의 세력이 약화하고 바빌로니아의 세력이 강성해지자 친 바빌로니아 정책을 펼치고 있었다. 그래서 요시야 왕의 입장에서는 바빌로니아와 전쟁을 하러 출정하는 바로 느고가 이스라엘을 그냥 지나가게 내버려 둘 수 없었다. 요시야는 바로 느고를 통해서 주신 하나님의 말씀을 듣지 않고 군사적인 요충지인 므깃도에서 바로 느고의 군대와 싸우다가 화살을 맞고 죽음을 맞이하게 된다. 만약 이때 요시야 왕이 하

---

1 개역 개정 성경에는 애굽이라 칭함

2 개역개정 성경에는 갈그미스로 묘사됨

나님의 말씀에 순종했다면, 그래서 므깃도 전투에서 사망하지 않고 남유다에서 종교개혁을 좀 더 활발하게 진행하였다면 남유다의 역사가 어떻게 되었을까 조심스럽게 생각해보게 된다.

한편 남유다와의 전투에서 전투력을 상실한 바로 느고의 군대는 갈그미스에서 앗시리아 군대와 연합하여 바빌로니아와 맞서지만, 바빌로니아의 느부갓네살에게 크게 패하게 되며, 이 전투에서의 승리로 바빌로니아는 고대 근동의 패권을 장악하게 되고, 애굽은 역사의 뒤안길로 사라지게 된다.

이후 남유다도 점차 멸망의 길로 치닫게 되었다. 하나님의 말씀에 순종하고 믿음으로 살았던 히스기야와 반대로 그의 아들인 므낫세는 남유다의 왕 중에서 가장 사악한 길로 행하였다. 바알과 아세라를 숭배하였고, 일월성신을 경배하였으며, 성전 안에다 아세라 목상을 만들고, 성전 마당에 일월 성신을 섬기는 제단을 만들고, 자기의 아들을 불 가운데로 지나게 하며, 점을 치고 사술을 행하며 신접한 자와 박수를 신임하여 여호와의 진노를 불러일으켰다. 이는 여호와 하나님의 심판을 촉발하여 나라의 멸망을 초래하게 되었으며, 요시야 왕의 종교개혁도 므낫세로 말미암은 하나님의 진노를 돌이키지 못하였다고 성경은 기록하고 있다.

결국 세 차례에 걸쳐 바빌로니아의 침략을 받은 남유다는 시드기야 왕 때에 이르러 나라가 멸망하고, 성전이 훼파되며 예루살렘은 폐허가 되는 비극을 맞이하게 된다. 그리고 이스라엘 백성들 대부분은 전쟁으로 죽임을 당하게 되고, 그나마 살아남은 자들도 바빌로니아의 침략 때마다 포로로 잡혀가 노예 생활을 하게 된다. 이때 포로로 잡혀갔던 사람들이 다니엘이나 에스겔 선지자 같은 자들이며, 시드기야 왕은 두 눈이 뽑힌 채 포로로 잡혀가다가 결국 죽음을 맞이하게 된다. 남유다의 멸망을 예언하며 많은 눈물을 흘렸던 예레미야 선지자도 이때 포로로 잡혀가다가 풀려난 후 예루살렘으로 돌아오게 된다. 남유다의 멸망으로 이스라엘이라는 나라는 이 땅에서 한동안 사라지게 되며 왕정 시대도 끝을 맺게 된다. 그리고 이때부터 포로 생활에서 벗어나 예루살렘에 귀환할 때까지의 포로 시대와 귀환 후를 일컫는 포로 후기 시대가 이어지게 된다.

포로후기 시대 : 페르시아 제국 통치 시대

그런데 영원히 지속할 것 같던 신바빌로니아도 BC 539년경에 페르시아의 키루스 2세에게 멸망하게 된다. 결국 신바빌로니아도 앗시리아의 멸망으로 고대 근동의 패권을 장악한 후 70여 년 만에 나라가 망하게 된 것이다. 이후 등장하는 나라가 페르시아이다. 한글 성경에는 바사라고 번역되어 있다. 세계사를 공부하신 분들은 아마 페르시아에 대해 많이 들어보았을 것이다. 왜냐하면, 페르시아는 세계사적으로도 매우 중요한 나라이기 때문이다. 페르시아 제국은 세계 최초로 제국이라고 불릴만한 넓은 지역을 차지한 나라이기 때문이다.

페르시아 제국을 고대 근동의 패권자이며, 대제국으로 일으킨 사람이 바로 키루스 2세이다. 키루스 2세는 한글 성경에는 고레스라고 번역되어 있다. 키루스 2세는 세계사적으로도 중요한 인물일 뿐만 아니라 성경에도 매우 중요한 인물로 등장한다. 그림 3은 천재교육에서 출판한 중학교 역사 교과서에 실려 있는 키루스 원통형 인장을 보여주고 있다. 이 원통형 인장에는 키루스의 칙령이 담겨 있는데, 이 책에서는 칙령의 내용을 다음과 같이 설명하고 있다. "페르시아 제국의 기반을 마련한 키루스 2세는 기원전 539년 바빌로니아를 정복한 후, 다른 민족의 전통과 종교를 존중하는 정책을 선포하고 노예로 잡혀 있던 유대인들을 해방했다.

똑같은 내용을 성경의 역대하 36장에서는 이렇게 기록하고 있다. "바사의 고레스 왕 원년에 여호와께서 예레미야의 입으로 하신 말씀을 이루시려고 여호와께서 바사의 고레스 왕의 마음을 감동시키시매 그가 온 나라에 공포도 하고 조서도 내려 이르되 바사 왕 고레스가 이같이 말하노니 하늘의 신 여호와께서 세상 만국을 내게 주셨고 나에게 명령하여 유다 예루살렘에 성전을 건축하라 하셨나니 너희 중에 그의 백성 된 자는 다 올라갈지어다 너희 하나님 여호와께서 함께 하시기를 원

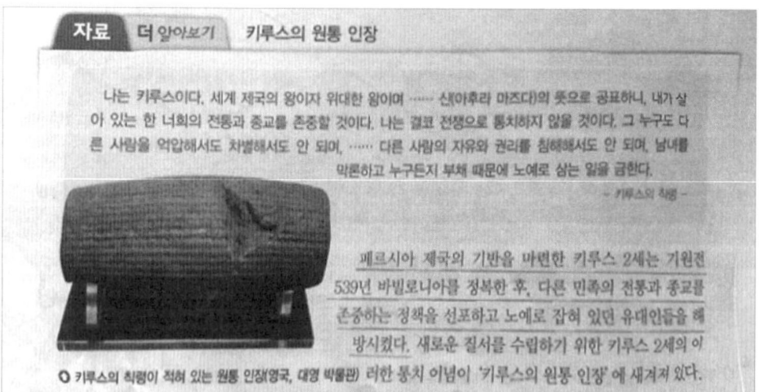
자료 더 알아보기 키루스의 원통 인장

나는 키루스이다. 세계 제국의 왕이자 위대한 왕이며 …… 신(아후라 마즈다)의 뜻으로 공표하니, 내가 살아 있는 한 너희의 전통과 종교를 존중할 것이다. 나는 결코 전쟁으로 통치하지 않을 것이다. 그 누구도 다른 사람을 억압해서도 차별해서도 안 되며, …… 다른 사람의 자유와 권리를 침해해서도 안 되며, 남녀를 막론하고 누구든지 부채 때문에 노예로 사는 일을 금한다.

– 키루스의 칙령 –

페르시아 제국의 기반을 마련한 키루스 2세는 기원전 539년 바빌로니아를 정복한 후, 다른 민족의 전통과 종교를 존중하는 정책을 선포하고 노예로 잡혀 있던 유대인들을 해방시켰다. 새로운 질서를 수립하기 위한 키루스 2세의 이러한 통치 이념이 '키루스의 원통 인장'에 새겨져 있다.

◐ 키루스의 칙령이 적혀 있는 원통 인장(영국, 대영 박물관)

[그림 3] 키루스의 원통 인장 (천재교육 역사1)

하노라 하였더라"(역대하 36:22~23) 이와 같은 내용은 성경이 꾸며낸 이야기가 아니라 역사적 사실을 배경으로 하고 있음을 다시 한번 명확히 보여 주고 있다. 키루스 2세가 역사적인 인물이 아니라는 것을 부인하는 사람은 아무도 없을 것이다. 왜냐하면 그런 주장을 하는 사람이 있다면 스스로 자신이 역사에 무지하다는 사실을 드러내는 것일 뿐이기 때문이다.

사실 키루스 2세에 대하여 기록된 성경의 내용은 여기에서 그치지 않는다. 훨씬 더 자세하고 구체적인 내용이 성경 안에 담겨있다. 성경에 키루스 2세의 이름이 처음으로 등장하는 것은 이사야서 44장, 45장이다. 여기에서 하나님은 키루스를 '내 목자', '그의 기름 부음을 받은 자'로 표현하고 있다. 하나님은 이사야 선지자를 통해서 우상을 숭배하며 하나님을 버린 이스라엘 백성들에 대한 심판으로 나라가 멸망할 것임을 선포하셨다. 그런데 이사야 선지자는 나라의 멸망에 대해서만 예언한 것이 아니라 장차 하나님께서 키루스라는 왕을 세우시고, 많은 나라를 그에게 항복하게 하며, 그를 통해서 포로로 사로잡혀간 이스라엘 백성들을 해방할 것을 예언하였다.

그런데 여기에서 우리가 주목해야 할 부분이 있다. 키루스 2세가 페르시아 제국의 기반을 닦은 것은 BC 539년경이다. 그런데 이사야 선지자가 활동했던 시기는 BC 8세기이다. 이사야 선지자와 키루스 왕의 활동 시기는 적어도 150~200년의 시간적인 차이가 존재한다. 이사야 선지자가 적어도 150년 이후에 태어날 키루스 왕을 어떻게 알고 그에 대해서 예언을 한 것일까? 이는 하나님이 이사야 선지자에게 미래에 일어날 일을 보여주시고 기록하게 하셨기 때문이다. 여기에서 우리는 하나님이 키루스 2세를 이 땅에 태어나게 하시고, 왕으로 삼으시고, 그를 통해 대제국을 건설하며, 더 나아가 이스라엘 백성들을 포로 생활에서 해방하고 예루살렘으로 돌아오게 할 것을 미리 계획하셨다는 것을 알 수 있다. 하나님은 참으로 놀라운 분이시다. 하나님이 어떻게 이렇게 하실 수 있었을까? 우리는 이를 통해 하나님이 역사의 주관자가 되신다는 사실을 분명히 알 수 있다.

또한 여기에서 세상 역사를 어떤 관점에서 보아야 하는지 다시 한번 생각해 보게 된다. 당시 페르시아는 세계에서 가장 강력한 대제국이었으며, 키루스는 이 페르시아를 다스리는 왕이었다. 보통 세상 역사는 힘있는 나라나 그런 나라를 다스리는 왕에 의해 움직이는 것처럼 보인다. 오늘날도 미국이나 중국, 러시아, 독일이나 영국 등 소위 말하는 강대국들에 의해 세상 역사가 좌지우지되는 것처럼 보인다. 그런데 키루스를 태어나게 하시고 왕으로 세우셔서 대제국을 건설하게 하고, 이를 통해 이스라엘 민족을 포로에서 해방할 계획을 세우시고, 그대로 성취해 나가신 분은 바로 하나님이다. 전면에 나서서 행동하는 사람은 키루스 왕이지만 이 키루스 왕을 뒤에서 움직이며 조종하시는 분이 하나님임을 우리는 알 수 있다. 하나님이 세상 역사를 계획하시고 이끌어 나가신다는 사실을 우리는 인정하지 않을 수 없다. 하나님께서 세상 역사를 주관하신다면, 세상 역사를 볼 때 우리는 하나님의 관점에서 하나님의 눈으로 바라볼 필요가 있다. 한 나라의 역사는 물론이고 세계의 역사도 그 나라를 다스리는 지도자나 세계적인 지도자들에 의해서 움직이는 것이 아니라 하나님의 계획대로 움직여 나가고 있음을 우리는 명심해야 한다.

그러면 하나님께서 세상 역사만 주관하시는 것일까? 그렇지 않다. 하나님은 우리 한 사람 한 사람의 인생도 주관하신다. 하나님은 각 개인의 인생도 미리 계획하시고 그 계획대로 인도하신다. 그러므로 우리는 앞으로 내 인생이 어떻게 될 것인가 걱정할 필요가 없다. 왜냐하면 나를 가장 사랑하시고 나를 가장 잘 아시며, 나의 아버지이신 하나님이 이미 내 인생을 어떻게 인도하실지 계획을 세우고 그 계획대로 인도하고 있기 때문이다.

그런데 그 계획이 우리의 눈에는 잘 보이지 않는다. 그래서 장래에 대해서 염려를 하게 된다. 그러나 우리가 하나님을 믿으면 우리의 장래에 대해서도 걱정할 필요가 없다. 왜냐하면 하나님은 우리를 가장 사랑하시는 아버지시며, 우리를 가장 좋은 길로 인도하시기 때문이다. 우리를 가장 사랑하시는 아버지가 우리를 잘못된 길로 인도하지 않음은 분명하기 때문이다. 자녀가 잘못되기를 바라는 아버지가 과연 어디 있겠는가? 일반적으로 그런 아버지를 생각하기 쉽지 않다. 그러므로 우리는 걱정할 필요가 없다. 우리는 하나님이 세상 역사를 계획하고 인도하신다는 것을 이미 알고 있다. 하나님이 키루스의 인생을 미리 계획하시고 인도하신 것처럼, 이스라엘의 역사도, 세계 역사도 미리 계획하시고 인도하신 것처럼, 하나님이 나의 인생도 미리 계획하시고 인도하신다는 사실을 깨달아야 한다. 우리가 이 사실을 알 때 하나님을 더 잘 믿을 수 있다.

그러면 실제로 하나님이 이사야 선지자를 통해서 하신 예언이 언제 이루어지는가? BC 539년경에 이루어지게 된다. 바빌로니아를 멸망시키고 명실상부한 고대 근동 지역의 패권을 장악한 키루스는 이스라엘 백성들에게 본국으로 돌아가라는 칙령을 내린다. 이 칙령의 내용을 담고 있는 것이 앞서 보았던 키루스 원통형 인장이다. 성경에는 이 내용이 역대하 마지막과 에스라 첫 부분에 기록되어 있다고 이미 말하였다. 키루스는 역사적인 인물이며, 그가 내린 칙령은 누구도 부인할 수 없는 역사적인 사실이다. 이런 사실을 통해서 우리는 성경이 신화나 전설과 같이 꾸며낸 이야기가 아니라 역사적인 사실을 바탕으로 기록되었음을 다시 한번 확인하게 된다.

성경에는 페르시아 시대를 배경으로 기록된 책이 여러 권 있다. 역사서 중에서는 에스라, 느헤미야, 에스더서가 있고, 선지서 중에서는 성전 건축을 독려하는 학개서나 스가랴서가 대표적으로 페르시아 시대를 배경으로 하고 있으며, 다니엘서의 일부도 페르시아 시대를 배경으로 하고 있고, 구약의 마지막 성경인 말라기도 본문에는 나오지 않지만, 내용을 보면 페르시아 시대를 배경으로 하고 있음을 알 수 있다. 그래서 페르시아의 역사에 대해서 이해를 하면 이런 성경들을 이해하는 데 많은 도움이 된다. 이제 페르시아의 역사에 대해서 좀 더 살펴보기로 하자.

키루스 2세는 메디아 제국에 속한 제후국의 왕이었으나 메디아 제국 전체를 정복하고 나라의 이름을 페르시아로 바꾸게 되었다. 이어서 키루스는 지금의 터키 지역에 있는 리디아 왕국을 점령하면서 대제국을 형성하게 된다. 페르시아는 지금의 흑해와 카스피해 연안, 이집트, 도시 국가들이 번성하고 있던 그리스 남부 지역을 제외한 북쪽의 마케도니아 지역까지 그 세력을 확장하게 된다.

아시아와 유럽에 이르는 대제국을 건설한 페르시아는 그리스 정복에 나서게 된다. 역사책에서는 이 전쟁을 페르시아 전쟁 혹은 그리스-페르시아 전쟁이라고 부른다. 페르시아는 그리스와 두 번에 걸쳐 큰 전쟁을 치르게 되는데, BC 492년 페르시아는 대군을 이끌고 그리스 원정에 나서지만, 폭풍을 만나 제대로 전쟁도 해보지 못한 채 후퇴를 하게 된다. 이어 BC 490년에 페르시아는 다시 원정군을 조직하여 아테네 정벌에 나서게 된다. 이때 아테네는 스파르타에 지원군 파견을 요청하였으나 종교적인 이유로 인해 지원군을 받지 못한 채 혼자서 페르시아와 맞서게 되었다. 마라톤 평야에서 페르시아군과 아테네군이 전투를 벌이게 되는데, 수적으로 아테네는 페르시아의 대적이 되지 못하였다. 그러나 결과는 아테네의 승리로 끝나고 페르시아는 본국으로 후퇴하지 않을 수 없었다. 이 전쟁에서 아테네는 누구도 예상하지 못한 승리를 거두게 된다. 이때 한 병사가 이 전투에서의 승리를 전하기 위해 아테네까지 달려가서 승전보를 전한 후 바로 죽게 되는데 이를 기념하여서 생겨난 경기가 마라톤이라고 한다. 우리는 이러한 마라톤 경기의 유래에 대해서는 익히 들어서 잘 알고 있다. 그러나 이 전쟁이 성경과는 어떤 관계가 있는지에 대해서는 별로 생각해 본 적이 없을 것이다.

제1차 페르시아 전쟁에 나섰던 페르시아 왕은 다리우스 1세이다. 에스라서에는 다리우스 1세를 다리오 왕이라고 표현하고 있는데, 이 다리오 왕이 포로에서 돌아온 이스라엘 백성들이 성전 건축을 하다가 사마리아인들의 방해로 건축이 중단되었을 때, 키루스의 칙령을 확인하고 성전 재건을 허락했던 왕이다. 그는 성전재건을 허락했을 뿐만 아니라 사마리아인들이 거두어들인 세금에서 성전 건축 경비를 지원하도록 하였으며, 이로 말미암아 BC 515년에 스룹바벨이 주도하였던 성전 건축이 끝나게 되었고, 이때부터 제2 성전(스룹바벨 성전) 시대가 열리게 되었다.

페르시아와 그리스의 전쟁은 여기에서 끝나지 않았다. 다리우스 1세는 1차 전쟁의 패배를 설욕하고 그리스를 정복하기 위해 준비하였지만, 그 뜻을 이루지 못한 채 죽게 되며, 그리스와의 전쟁은 그의 아들인 크세르크세스 1세에게 맡겨지게 된다. 아버지의 뒤를 이어 크세르크세스 1세는 대군을 이끌고 그리스 원정에 나서게 되는데, 역사가들의 기록에 따르면 이때 페르시아 군대가 백만 명을 넘었다는 이야기도 있다. 이 전쟁에서 그리스는 스파르타와 아테네가 중심이 되어 연합군을 형성하여 페르시아에 맞서게 되는데, 스파르타 왕인 레오니다스가 테르모필라이에서 육군을 지휘하고, 아테네는 해군을 지휘하였다. 레오니다스는 테르모필라이의 좁은 길에 약 7,000명의 육군을 배치하여 페르시아의 공격에 대비하였다. 테르모필라이에 도착한 페르시아군은 그리스를 공격하였지만 별 성과를 거두지 못한 채 병력만 잃게 되었다. 그러나 그리스군의 한 반역자의 안내를 받아 페르시아 정예 부대가 그리스군의 후방으로 들어가게 되었다. 그리고 날이 밝자 페르시아는 그리스군을 일제히 공격하기 시작했는데, 레오니다스와 남은 병사들이 끝까지 항전했으나 모두 전사를 하고 말았다. 이 전쟁을 배경으로 만들어진 영화가 바로 '300'이라는 작품이다.

페르시아가 육지에서는 승리했지만 승리의 여신은 그리스 편이었다. 해군을 지휘하고 있던 테미스토클레스는 후퇴하는 척하며 페르시아 함대를 살라미스 해협으로 유인하였다. 그리스의 유인작전에 속아 좁은 살라미스 해협에 들어온 페르시아 함대는 그리스 함대의 공격을 받고 당황한 나머지 자기네 배끼리 충돌하며 엄청난 피해를 당하게 되었다. 그뿐만 아니라 밤이 되어 폭풍우가 몰아치자 페르시아 함대의 3/4이 바다에 가라앉았다고 역사는 기록하고 있다. 이것이 역사적으로 유명한 살라미스 해전이다. 그리스와의 두 번째 전쟁을 진두지휘했던 왕이 바로 크세르크세스 1세인데, 이 크세르크세스 1세가 성경에는 아하수에로라는 이름으로 등장하며, 그는 바로 우리가 잘 아는 페르시아 왕비였던 에스더의 남편이다.

이후에도 여러 차례 페르시아는 그리스와 전쟁을 벌이지만 결국 그리스를 정복하지 못한 채 종전 협정을 맺게 된다. 페르시아 전쟁에서 승리한 그리스는 이후 새로운 전성기를 맞게 되지만, 전쟁에서 패한 페르시아는 점점 세력이 약화하여 결국에는 BC 331년 마케도니아 출신인 알렉산더 대왕에게 멸망하고 만다.

우리는 여기에서 다시 한번 성경이 역사적 사실을 배경으로 기록되었다는 점을 확인할 수 있다. 그리고 우리가 이와 같은 페르시아 시대의 역사적 상황을 이해하고 에스라, 느헤미야, 에스더서를 읽는다면 이 성경들이 훨씬 쉽고 깊이 이해할 수 있게 될 것이다. 그뿐만 아니라 성경을 잘못 이해하여 이단에 빠지는 경우를 미리 방지할 수도 있을 것이다. 또한 바빌로니아와 페르시아, 헬라 제국과 로마제국으로 이어지는 역사의 흐름을 이해하지 못하면 다니엘서에 등장하는 꿈이나 환상을 이해하는 데 많은 어려움을 겪게 될 것이다. 그뿐만 아니라 신약 성경의 배경이 되는 중간사나 신약성경을 이해하는데도 제약이 따르게 될 수밖에 없게 된다.

포로후기 시대 :
알렉산더 대왕과 헬라 제국, 로마 제국 시대

페르시아 제국의 멸망 후 고대 근동의 패권을 잡은 사람이 바로 알렉산더 대왕이다. 마케도니아 출신인 알렉산더 대왕은 페르시아보다 더 넓은 영토를 차지하게 된다. 페르시아가 점령하지 못했던 그리스는 물론이고 이집트와 인도 지역 일부에 이르기까지 세력을 미치게 되어 대제국을 이루게 된다. 그런데 알렉산더는 단순히 영토를 확장하는 데만 관심이 있는 것이 아니라 자신이 점령한 영토에 수준 높은 헬라 문화를 전파하는데 큰 관심을 가졌다. 이는 자신의 스승인 아리스토텔레스의 영향 때문이었다. 알렉산더 대왕은 위대한 철학자인 아리스토텔레스를 스승으로 존경하였으며, 아리스토텔레스는 알렉산더 대왕의 가정교사 역할을 하였다. 이로 말미암아 알렉산더 대왕은 최고 수준의 헬라 철학과 문화를 접할 수 있었으며, 자신이 정복한 지역에 수준 높은 헬라 문화를 전파하고자 하는 꿈을 갖게 되었다. 그런데 불행하게도 그는 32세라는 젊은 나이에 죽음을 맞이하게 된다. 알렉산더는 인도 원정에 나섰다가 병사들의 잇따른 탈영과 반발에 부딪혀 더는 진군을 하지 못하고, 바빌로니아로 돌아온 후 질병으로 갑작스럽게 죽음을 맞이하게 된다. 그가 남긴 마지막 유언은 우리에게 많은 것을 생각하게 한다. "내가 죽거든 손을 관 밖으로 내놓아 남들이 볼 수 있도록 하시오." 천하를 지배한 알렉산더 대왕도 죽을 때는 빈손으로 갈 수밖에 없었다는 사실을 너무나 분명히 보여준다.

알렉산더 대왕이 젊은 나이에 세상을 떠나고, 그의 아들은 너무 어려서 제국을 물려줄 수 있는 상황이 되지 못하였다. 후계자를 정하지 못하고 알렉산더 대왕이 죽자 그의 점령지는 4명의 부하에 의해 분할 통치가 이루어지게 된다. 놀라운 일은 다니엘서에 이와 관련된 내용이 그대로 예언되어 있다는 사실이다. 우리가 아는 것처럼 다니엘은 바빌로니아가 남유다를 침략했을 때 포로로 잡혀가서(BC 605년) 바빌로니아를 거쳐 페르시아 초기까지 활동했던 인물이다. 하나님은 다니엘에게 장차 페르시아를 다스릴 왕들과 그 이후에 일어날 세상 역사에 대한 환상을 보여 주신다. 그 내용 중에 알렉산더 대왕에 대한 예언이 이렇게 기록되어 있다.

"장차 한 능력 있는 왕이 일어나서 큰 권세로 다스리며 자기 마음대로 행하리라 그러나 그가 강성할 때에 그의 나라가 갈라져 천하 사방에 나누일 것이나 그의 자손에게로 돌아가지도 아니할 것이요 또 자기가 주장하던 권세대로도 되지 아니하리니 이는 그 나라가 뽑혀서 그 외의 다른 사람들에게로 돌아갈 것임이라"(다니엘 11:3~4)

너무나 정확한 예언에 소름이 돋을 정도이다. 하나님이 이렇게 하신 것은 하나님이 세상 역사를 주관하시는 분이심을 보여주기 위함이었다. 하나님은 역사의 주관자이기 때문에 세상 역사를 어떻게 이끌어 나가실지에 대한 모든 계획을 미리 세우고 계시며, 다니엘에게 그 계획을 미리 보여주신 것이다. 우리는 이 사실을 통해 하나님이 어떤 분이시며, 우리가 이 세상을 어떤 관점으로 바라보아야 하는지 생각해보게 된다.

다니엘이 본 환상은 여기에서 끝나지 않는다. 다니엘서 11장에서 다니엘은 계속해서 북방 왕과 남방 왕 사이에 일어날 전쟁과 대립의 역사를 자세하게 기록하고 있다. 여기에서 북방 왕국은 셀류키드 왕조(셀레우코스가 이룩한 왕조를 셀류키드 왕조라고 함)를 가리키며, 남방 왕국은 톨레미 왕조를 가리킨다. 그러면 여기에서 먼저 알렉산더 대왕이 죽은 후 분할된 네 왕국에 대해 살펴보기로 하자.

알렉산더 대왕이 죽은 후 부하들은 서로 자신이 후계자임을 자처하며 권력 투쟁을 벌였다. 이 권력 투쟁에서 살아남은 자들이 카산더와 톨레미, 셀레우코스, 리시마커스 등이다. 카산더는 마케도니아를 포함하여 지금의 그리스 지역을 차지하고, 톨레미는 이집트를, 셀레우코스는 시리아, 리시마커스는 트라키아 지역을 차지하게 된다. 그러나 이들 사이에 40여 년간 세력 다툼이 계속되면서 카산더가 죽은 후 마케도니아와 그리스 본토는 안티고누스에게 넘어가고, 셀레우코스가 리시마커스를 죽이고 트라키아 지역까지 세력을 넓혀 결국에는 3개의 왕국으로 나누어지게 된다. 이때부터 전개되는 셀레우코스와 톨레미, 더 나아가 그 후손 간에 벌어지는 세력 다툼은 이스라엘 백성들의 삶을 황폐하게 하며, 신약 성경을 이해하는데 중요한 배경이 된다.

이스라엘은 지리적으로 시리아와 이집트의 길목에 있었기 때문에 셀레우코스가 차지한 땅에 세워진 셀류키드 왕조와 톨레미 왕조 간에 서로 이 지역을 차지하고자 하는 세력 다툼의 희생양이 되었다. 때로는 이 두 왕조의 전쟁터가 되기도 하고, 때로는 두 왕조가 상대방을 침략하는 통로가 되어 온갖 수탈과 착취, 억압의 대상이 되었다. 당시 이스라엘이 처한 상황을 한마디로 표현하자면 "고래 싸움에 새우 등 터진다"는 속담으로 표현할 수 있을 정도이다.

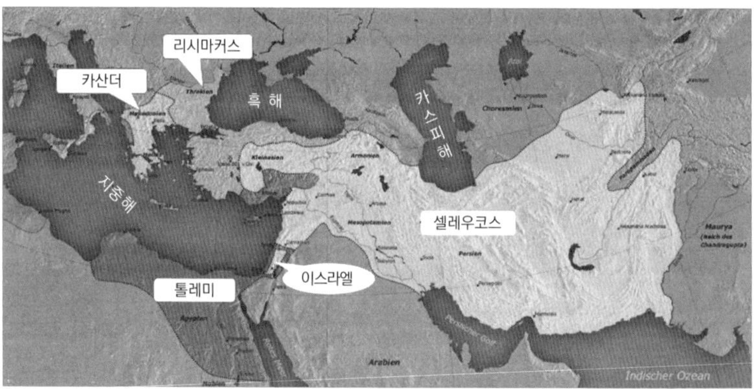

[그림 4] 알렉산더 사후 헬라 제국의 분열
출처 https://upload.wikimedia.org/wikipedia/commons/b/b0/Diadochen1.png

먼저 팔레스타인 지역을 차지한 왕국은 톨레미였다. 이스라엘은 BC 198년까지 톨레미 왕조의 지배를 받았는데, 톨레미는 종교적으로 유대인들에게 관용정책을 펼쳤으며, 많은 유대인을 알렉산드리아로 이

주시켰다. 그러나 셀류키드 왕조의 안티오쿠스 3세는 팔레스타인 지역을 점령하기 위해 톨레미 왕조와 전쟁을 벌였으며, 이 전쟁에서 승리한 후 BC 198년 팔레스타인은 셀류키드 왕조의 지배하에 들어가게 되었다. 이때 유대인들은 안티오쿠스 3세의 군대에 필요한 물자를 공급한 대가로 종교적인 자유권을 얻게 되었으며, 이후 30여 년간 유대인들은 대제사장을 중심으로 비교적 평온한 상태를 유지하게 되었다.

그러나 안티오쿠스 4세(안티오쿠스 에피파네스)가 통치하는 시기에 이르러 유대인들의 상황은 급변하게 된다. 안티오쿠스 4세는 두 번에 걸쳐서 톨레미 왕조를 공격하였으며, 이로 말미암아 유대인들은 전쟁에 시달리게 되었다. 또한 안티오쿠스 4세는 대제사장인 오니아스 3세를 해임하고 헬라 경향이 강한 그의 형제 야손을 대제사장으로 임명하며, 이후에는 대제사장 가문 출신이 아닌 메넬라우스를 대제사장으로 임명한다. 그뿐만 아니라 이집트 정복에 실패한 안티오쿠스 4세는 돌아오는 길에 성전을 모독하고 유대인들에게 친 헬라적이고 반종교적인 정책을 실시한다. 성경 사본을 불사르고, 성전에서 드리는 제사를 금지하고, 할례를 행하지 못하게 하며, 안식일과 절기를 지키지 못하도록 하고, 성전에 제우스 신상을 만들어 숭배하도록 강요하였다. 한 마디로 율법을 지키지 못하도록 강요하고 헬라 법을 준수하도록 하며, 이 명령을 어기는 자들은 사형에 처하도록 하였다. 이와 같은 안티오쿠스 4세의 폭정과 만행은 유다의 독립 전쟁이라고도 할 수 있는 마카비 혁명의 계기를 마련해 주게 되었다.

마태복음 13장에는 예수님이 밭에 감추인 보화를 비유로 들어 천국을 설명하는 모습이 등장한다. 농부가 밭을 갈다가 보화가 담긴 상자를 발견한 후에는 이를 다시 땅속에 숨겨두고, 기뻐하며 돌아가서 자기가 가지고 있는 모든 소유를 팔아서 그 밭을 산다는 이야기이다. 이 비유는 언뜻 보기에는 매우 단순한 이야기 같지만, 이 비유를 제대로 이해하기 위해서는 앞에서 설명한 시대적인 상황을 이해할 필요가 있다.

앞에서 설명한 것처럼 이스라엘은 북쪽의 셀류키드 왕조와 남쪽의 톨레미 왕조 사이에서 많은 고통과 괴로움을 당할 수밖에 없었다. 유대인들이 열심히 농사를 지어 곡식을 쌓아두고, 돈을 벌어서 금은보화를 모아 두어도, 북쪽에서 내려오고 남쪽에서 올라가는 군대들에 모두 수탈을 당하게 되었다. 이를 견디지 못한 사람들은 자신이 소유하고 있는 금은보화를 빼앗기지 않기 위해 어쩔 수 없이 아무도 모르게 땅속에 묻어 두게 되었다. 그런데 땅속에 보화를 묻어둔 사람이 어느 날 가족들에게 이야기도 하지 못한 채 갑자기 죽게 되면, 이 보화는 아무도 모른 채 그냥 묻혀있게 되었다. 그러던 중 한 농부가 밭을 갈다가 우연히 보화가 담긴 상자를 발견하게 된다. 농부는 보화를 다시 땅에 묻어 두고 집에 돌아와서 자신이 가진 모든 소유를 팔고, 아는 사람들로부터 돈을 빌려서라도 그 밭을 사게 된다. 그러면 밭에 감추어졌던 그 보화도 자신의 소유가 되었다. 당시에는 이런 일이 종종 발생하였기 때문에 예수님이 밭에 감추인 보화 비유를 말씀하실 때, 사람들에게는 매우 친숙한 이야기였으며, 그것이 무엇을 의미하는지 명확히 이해할 수 있었다. 이처럼 성경을 이해하는데 역사적인 배경이 중요한 역할을 한다.

헬라 제국을 이어 등장한 나라가 로마제국이다. 로마는 처음에는 이탈리아의 한 도시 국가에 불과하였지만, 점차 세력을 확장하여 이탈리아와 카르타고, 북아프리카, 스페인을 점령하고, 더 나아가 시리아 지역에 있던 셀류키드 왕국과 이집트의 톨레미 왕국까지 세력을 확장하게 되었다. 이렇게 하여 로마는 조그마한 도시 국가에서 대제국으로 성장하게 된다.

복음서에 보면 예수님이 탄생하셨을 때가 바로 이 로마 제국 시대였음을 알 수 있다. 누가복음 2장에는 가이사 아구스도가 내린 호적 명령 때문에 마리아가 만삭이 된 몸을 이끌고 베들레헴으로 호적을 하러 갔다가 거기에서 예수님을 낳는 것을 볼 수 있다. 여기에 등장하는 가이사 아구스도가 케사르의 뒤를 이어 로마의 권력을 장악하며 로마에서 최초로 황제에 등극한 옥타비아누스이다. 옥타비아누스는 원로원으로부터 아우구스투스라는 칭호를 얻으며 로마의 황금시대를 열게 되었다. 복음서를 비롯하여 모든 신약 성경은 바로 로마 제국을 배경으로 쓰인 책들이다. 따라서 신약 성경은 물론이고 이후 이어지는 초대 교회의 역사를 이해하는데도 로마 제국에 대한 이해는 필수적이다. 우리는 신약 성경 곳곳에서 기독교에 대한 네로 황제의 핍박이나 도미티아누스 황제의 핍박 흔적을 찾아볼 수 있다. 우리가 잘 아는 요한계시록도 바로 도미티아누스 황제의 핍박으로 밧모섬에 유배되었던 요한이 당시 핍박을 받고 있던 교회에 쓴 편지이다.

예수님이 태어나셨을 때 우리나라는 삼국 시대가 이루어지고 있었다. 우리나라에 기독교가 들어온 것은 구한말이지만, 역사를 거슬러 올라가 보면 통일신라 시대에 이미 기독교의 한 분파라고 할 수 있는 경교(네스토리우스교)가 전파되었다는 사실을 짐작할 수 있는 유물들이 발견되고 있다. 바로 신라 시대에 세워진 불국사에서 돌 십자가와 동으로 만들어진 십자 무늬 장식, 마리아상 등이 발굴되었다. 이는 당나라를 통해서 신라에 경교가 전파되었을 것이라는 사실을 유추해 볼 수 있게 한다. 당 태종 때인 635년경 페르시아로부터 여러 명의 선교사가 장안에 도착하였으며, 이를 계기로 중국에 경교가 폭넓게 전파되기 시작하였다. 또한 당시 신라는 당나라와 긴밀한 관계를 맺고 있었기 때문에 신라에 경교가 전파된 것은 매우 자연스러운 일이었을 지도 모른다.

지금까지 성경의 역사적 배경에 대해 간략하게 살펴보았다. 우리가 살펴본 것처럼 성경은 꾸며낸 이야기가 아니라 역사적인 사실을 배경으로 기록된 역사책이다. 어떻게 보면 모든 나라에 그 나라의 역사를 기록한 역사책이 있듯이 성경은 하나님 나라의 역사를 기록한 역사책이라고 할 수 있지 않을까. 성경은 하나님께서 계획하시고 이루어나가시는 구속 역사를 기록하고 있는 역사책이다. 우리가 성경을 읽어도 쉽게 이해되지 않는 이유 중의 하나가 바로 이러한 역사적 배경들을 잘 모르기 때문이다. 반대로 역사적 배경을 조금만 이해해도 성경을 훨씬 쉽게 이해할 수 있으며, 하나님께서 이 세상 역사를 어떻게 이끌어 나가시는가를 볼 수 있게 된다. 그리고 이 세상에 두신 하나님의 계획을 볼 수 있게 된다.

성경이 역사적인 사실을 배경으로 기록된 역사책인 만큼 성경 저자의 관점 곧 하나님의 역사관을 가지고 성경을 읽어야 한다는 점은 아무리 강조해도 지나치지 않다고 여겨진다. 그리고 성경을 통해 역사의 흐름 속에서 역사를 주관하시는 하나님을 발견하고, 오늘날 이 시대의 모습, 우리의 모습, 그리고 나의 모습을 발견해야 한다. 이때 나는 보잘것 없는 미미한 존재가 아니라 하나님 나라의 역사를 써 내려가는 역사적인 인물로서의 자신을 발견하고 존재 의미를 찾게 된다. 또한 하나님의 백성이요. 자녀로서, 하나님의 상속자로서의 자부심을 느끼게 된다. 하나님 안에서 나는 별 볼 일 없는 자가 아니라 특별한 존재로 다시 태어나게 된다.

3장
성경은 문학작품이다

성경의 문학적 장르

또 한 가지 우리가 성경을 읽을 때 간과하기 쉬운 요소가 성경은 문학작품이라고 할 수 있다는 점이다. 문학 작품은 그 자체로 문학적인 형식이나 특성을 지니고 있다. 그러므로 우리는 66권으로 이루어진 성경이 각 권마다 독특한 문학적인 장르를 가지고 있다는 사실에 주목해야 한다.

우리가 쉽게 떠올릴 수 있는 문학적인 장르에는 시나 소설, 수필, 희곡, 평론 등이 있다. 세부적으로 나누면 훨씬 더 많은 장르로 나눌 수도 있다. 문학적인 장르는 각 장르마다 고유한 특성이 있으며, 일반적으로 독자들이 어떤 문학 작품을 읽을 때는 그 문학작품이 가지고 있는 장르적인 특성을 고려하면서 읽는다. 예를 들어 우리가 소설을 읽을 때 이것이 사실인가 아닌가를 따지지 않는다. 왜냐하면 소설은 그 자체로 허구라는 것을 전제로 하고 있기 때문이다. 또한 우리가 시를 읽을 때는 신문기사나 논설문을 읽듯이 사실관계나 논리적인 전개를 따지지 않는다. 오히려 우리는 시를 읽으면서 이 시구가 무엇을 상징하는지 어떤 비유가 사용되고 있는지에 주목한다. 왜냐하면 시라는 장르는 논리보다는 상징과 비유가 많이 사용되고 있다는 것을 우리가 이미 알고 있기 때문이다. 이처럼 문학적인 장르는 저자와 독자 사이에 암묵적으로 이미 맺어진 약속이라고 할 수 있다.

이처럼 우리는 문학작품을 읽을 때 일반적으로 장르가 가지고 있는 특성을 고려하면서 읽는다. 우리가 읽는 성경도 문학적인 형태를 가지고 있으며, 다양한 문학적인 장르로 표현되어 있다. 성경에는 시도 있고, 이야기체로 쓰인 글도 있고, 편지글도 있다. 우리에게는 다소 생소한 장르이지만 예언도 있고, 묵시도 있다. 심지어 한 권의 성경 안에 다양한 장르가 복합적으로 나타나기도 한다.

그러면 우리가 성경을 읽을 때 어떻게 읽는지 한번 돌이켜 보자. 성경을 읽으면서 성경 각 권이 가지고 있는 문학적인 장르를 고려하면서 읽는가? 만약 우리가 문학적인 장르를 생각한다면 창세기를 읽을 때나 시편이나 선지서, 바울 서신이나 요한 계시록을 읽을 때 우리는 각기 다른 시각을 가지고 읽어야 할 것이다. 그런데 우리가 그렇게 하고 있는가? 대부분 별다른 차이를 두지 않고 그저 읽는 경우가 많을 것이다. 성경을 제대로 이해하지 못하거나 성경을 이해하는 데 어려움을 겪는 이유 중 하나가 바로 이 문학적인 특성을 제대로 고려하지 않고 읽기 때문이다. 김소월이나 윤동주의 시를 신문 기사 읽듯이 읽는 사람은 아무도 없을 것이다. 만약 우리가 그렇게 한다면 시인이 시를 쓰면서 독자들에게 전하고 싶었던 느낌이나 내용을 전혀 이해하지 못하게 된다. 성경을 읽을 때도 마찬가지이다. 시는 시처럼, 선지서는 예언으로, 계시록은 묵시로 읽어야 한다. 즉 성경 각 권이 가지고 있는 문학적인 장르를 파악하고, 그 장르가 가지고 있는 문학적 특성을 고려하면서 읽어야 한다.

성경에 등장하는 많은 장르 중에서 현대 사회를 살아가는 우리들이 이해하는 데 가장 큰 어려움을 겪는 장르가 바로 묵시이다. 왜냐하면 묵시는 현대인들에게 생소한 문학적인 형태이기 때문이다. 성경 강의를 하면서 사람들에게 "가장 이해하기 어려운 성경이 어떤 책입니까?"라고 물으면 가장 많이 나오는 대답이 요한계시록이나 다니엘서이다. 왜 요한계시록이나 다니엘서를 현대인들이 어렵게 생각할까? 그것은 요한계시록이나 다니엘서 후반부가 바로 묵시 문학의 형태를 띠고 있기 때문이다. 시를 신문 기사처럼 문자적으로 이해하는 사람은 아무도 없을 것이다. 그런데 우리는 다니엘서나 요한계시록을 읽으면서 쉽게 이런 오류를 범한다. 왜 그럴까? 그것은 묵시문학의 특징을 알지 못하기 때문이며, 이런 문학적인 장르를 접해보지 않았기 때문이다.

묵시 문학이란?

그러면 여기에서 잠깐 묵시 문학의 특징에 대해 살펴보기로 하자. 묵시문학은 현재 고난 가운데 있는 자들에게 미래에 일어날 일을 미리 이야기해주며, 현실적으로 불가능하게 보이는 일에 초월적인 힘이 개입하여 악한 자를 심판하고 선한 자들을 회복시키는 것을 주 내용으로 삼고 있다. 묵시는 미래의 일에 대해 단순히 예언하는 것이 목적이 아니라 현재의 고난을 인내하도록 도와주는 것이 목적이다. 유대인들은 종말에 약속된 메시아가 나타나서 이스라엘을 회복하고 하나님의 완전한 통치가 이루어질 것에 대한 기대를 갖고 있었다. 그러나 이스라엘의 현실은 남 유다가 멸망한 후 이민족, 즉 악한 세력의 지배 아래에서 고통을 받으며 살아왔고, 현실적으로는 이와 같은 고통스러운 상황에서 벗어날 소망이 보이지 않았다. 이런 이스라엘의 형편을 잘 표현해주고, 이들에게 어려운 현실을 인내하도록 소망을 주는 것이 바로 묵시 문학이었다.

따라서 묵시문학은 선과 악의 대립 구도가 명확하게 나타나며, 하나님의 백성들에 대한 구원과 악의 세력에 대한 심판, 멸망할 이 세대와 새로 시작되는 다음 세대에 대한 구분이 분명히 드러난다. 이런 내용을 표현하기 위해 많이 등장하는 것이 상징과 비유, 초월적인 언어들이다. 그래서 묵시문학에는 상징적이고 비유적인 표현들이 많이 등장하는데 그중에 한 가지가 다양한 숫자의 등장이다. 우리가 잘 아는 3년 반, 7년, 70이레, 일곱 교회, 24장로, 144,000, 666, 열두 문, 열두 기초석 등이 성경의 묵시 문학에 자주 등장하는 숫자들이다. 묵시문학에 등장하는 숫자는 단순한 숫자적인 의미를 넘어서 그 속에 담겨있는 상징적인 의미가 있다. 그러므로 묵시문학을 문자적으로 해석하면 이는 마치 시 속에 담겨 있는 상징적이고 비유적인 표현을 문자적으로 해석하는 것과 같은 오류를 범하게 된다.

성경의 대표적인 묵시문학인 요한계시록을 문자적으로, 숫자상으로 해석하다 오류를 범한 대표적인 사례가 바로 세대주의 종말론자들이다. 그뿐만 아니라 많은 이단도 문자적인 해석으로 요한계시록을 잘못 이해하여 144,000명만 이마에 표를 받고 구원을 받게 된다는 비성경적인 주장을 하게 된다. 짐승의 수라고 불리는 666도 마찬가지이다. 요한계시록이 기록될 당시에는 '게마트리아'라고 불리는 수비학이 널리 사용되고 있었다. 이는 히브리어나 헬라어의 알파벳이 곧 숫자 값을 가지고 있다는 사실에 기초하고 있다. 헬라어의 알파, 베타, 감마… 등의 문자가 곧 숫자 값으로 1, 2, 3…의 값을 가지고, 히브리어의 알렙, 베이트, 기멜… 등의 문자가 숫자 값으로 1, 2, 3…의 값을 가지고 있다. '게마트리아'란 히브리어나 헬라어의 알파벳이 나타내는 숫자로 그 단어가 지닌 뜻을 풀어 본문을 해석하는 방법을 일컫는다. 666은 짐승의 숫자인데 이는 '네로 황제'를 뜻하는 단어를 숫자 값으로 표현한 것이다. 즉 네로 황제를 뜻하는 단어인 '네론 카싸르'의 알파벳, 눈(50), 레쉬(200), 바브(6), 눈(50), 코프(100), 싸메흐(60), 레쉬(200)의 숫자 값을 다 더하면 666이 된다. 네로 황제는 당시 기독교인들을 핍박하며 하나님을 대적하던 대표적인 인물이다. 따라서 666을 단순히 바코드나 베리 칩으로 이해하는 것은 너무 성급한 판단이라 할 수 있다. 이는 성경의 장르를 무시하고 단순히 문자적으로 해석하면 심각한 오류에 빠질 수 있음을 보여주는 단적인 예이다.

'게마트리아'라는 표현이 성경에 구체적으로 드러난 또 다른 경우가 바로 마태복음 1장이다. 마태복음은 "아브라함과 다윗의 자손 예수 그리스도의 계보라"는 구절로 시작하면서 예수님의 족보를 기록하고 있다. 이 족보는 예수님이 아브라함과 다윗의 자손으로 구약에서 약속한 메시아로 오셨음을 강조하고 있다. 그런데 이 족보의 특이한 점은 마태복음 1장 17절에 기록된 것처럼 예수님의 족보를 14대씩 나누고 있다는 점이다. 아브라함부터 다윗까지 14대, 다윗부터 바벨론으로 사로잡혀 갈 때까지 14대, 바벨론 포로에서 그리스도까지를 14대로 표현하고 있다. 그런데 실제로 역사서를 보면 다윗부터 바벨론에 포로로 잡혀갈 때까지는 14대가 아님을 알 수 있다. 아하시야, 요아스, 아마샤 세 왕의 이름이 마태복음에는 기록되어 있지 않다.

왜 이렇게 마태복음의 저자는 실제와는 달리 예수님의 족보를 인위적으로 14대에 맞추려고 했을까? 여기에서 저자 마태는 '게마트리아'라는 표현 기법을 사용하여 숨은 의도를 나타내고 있다. 다윗이라는 이름을 히브리어 문자로 표기하면 'דוד(다비드)'이다. 앞서 이야기했듯이 히브리어 문자는 문자인 동시에 숫자 값을 가지는데 다윗의 이름을 숫자 값으로 표기해보면 4, 6, 4로 이 숫자들을 더하면 14가 된다. 따라서 14는 곧 다윗을 표시하는 숫자이다. 마태는 예수님의 족보를 의도적으로 14대로 나눔으로 예수님이 다윗의 후손이요, 구약에 약속된 메시아임을 강조하고 있는 것임이 틀림없다.

그러므로 우리는 성경이 문학적인 특성을 보이고 있으며, 성경을 읽기 전에 먼저 성경 각 권이 지니고 있는 문학적인 특성에 대한 이해가 필요함을 알 수 있다. 그렇게 하면 성경을 좀 더 정확하고 깊이 있게 이해할 수 있을 것이다.

4장
성경은 하나님 나라에 대한 이야기이다

지금까지 성경이 역사적인 사실을 배경으로 기록된 역사책이며, 문학적인 특성을 지니고 있는 문학 작품임을 이야기하였다. 성경은 66권의 책으로 이루어진 방대한 책이다. 그런데 이 66권이 한 권으로 묶여 있는 것은 66권의 성경이 담고 있는 모든 내용이 각기 다르지 않고 동일한 내용이라는 점을 보여준다. 이제부터 66권의 성경이 동일하게 담고 있는 성경의 주요 내용인 주제에 대해서 살펴보기로 하자. 결론부터 말하면 성경은 하나님 나라에 대해 기록하고 있는 책이라고 할 수 있다. 다시 말하면 성경은 하나님 나라에 대한 역사책이다. 과연 그런지 구체적으로 살펴보기로 하자.

나라의 구성 요소와 법

하나님 나라도 일종의 나라이므로 하나님 나라에 관해서 이야기하기 전에 먼저 나라가 무엇인가에 대해서 생각해 보기로 하자. 일반적으로 나라 혹은 국가를 어떻게 정의하는가? 우리는 아무 단체나 모임을 나라라고 하지 않는다. 교회나 동창회, 동호회를 나라라고는 하지 않는다. 나라가 되기 위해서 반드시 갖추어야 하는 구성요소가 있다. 그러면 나라가 되기 위해 갖추어야 할 구성 요소가 무엇인가? 바로 국민과 영토, 주권이다. 우리는 이것을 국가 구성의 3요소라고 한다. 사전에서는 나라를 '일정한 영토를 보유하고, 거기 사는 사람들로 구성되며, 주권을 가진 집단'이라고 정의하고 있다. 이런 내용은 학교 다닐 때 사회 수업을 들은 사람들은 누구나 잘 알고 있는 사실이다.

이제 나라를 구성하는 이 세 가지 요소의 구체적인 의미를 살펴보기로 하자. 세 가지 구성 요소 모두가 중요하지만, 그중에서도 가장 중요한 것이 개인적으로는 주권이라고 생각한다. 그런데 보통 주권이라고 하면 그 의미가 좀 막연하게 들릴 수도 있을 것이다. 주권이라는 한자를 그대로 풀어보면 주인의 권리라는 의미이다. 주권은 주인으로서 누릴 수 있는 권리로서 달리 표현하면 한 나라 안에서의 최고 권력이며, 최종 의사결정권이라고 할 수 있다. 어떤 문제에 대한 최종적인 의사결정권이 누구한테 있느냐의 문제이다. 한 나라의 최종 의사결정권이 국민에게 있으면 우리는 그런 나라를 민주주의 국가라고 한다. 바로 국민이 주인인 나라이다. 과거 왕이 다스리던 나라에는 보통 주권이 왕에게 있었다. 우리는 이런 나라를 군주국가라고 부른다.

나라를 구성하는 두 번째, 세 번째 요소가 국민과 영토이다. 국민은 주권을 가진 자의 통치에 복종하는 사람들이라고 할 수 있으며, 영토는 주권자의 힘이 영향을 미치는 영역이라고 이야기할 수 있다. 이 세 가지를 갖추고 있으면 그러한 단체를 우리는 '나라'라고 부른다.

그런데 여기서 정말 중요한 점이 국민과 주권자와의 관계라고 생각한다. 국민이 주권자의 권위를 인정하지 않고, 주권자가 더는 국민을 책임지고 돌보지 않는다면 국민과 주권자와의 관계는 깨어지게 된다. 이렇게 되면 나라 자체가 존립할 수 없게 된다. 따라서 가장 중요한 것이 주권자와 국민의 올바른 관계이다. 성경에서는 이를 의라고 하며, 주권자인 하나님과 올바른 관계를 맺고 있는 하나님의 백성들을 의인이라고 부른다.

한 나라의 주권자는 주권자로서 국민들을 다스려야 하는데 일반적으로 주권자가 어떻게 국민들을 다스리는지 생각해보자. 역사를 보거나 현재 이 지구상에 존재하는 많은 나라를 볼 때 일반적으로 주권자는 국민들을 다스리기 위한 통치수단으로 법이라는 것을 만들고, 그 법으로 국민들을 통치하는 것을 볼 수 있다. 최근에는 더 오래된 법전이 발견되었지만 얼마 전까지만 하더라도 우리는 함무라비 법전을 세계에서 가장 오래된 법전이라고 배웠다. 고조선 시대에는 8조 법금이 있었고, 가까운 조선 시대에도 경국대전이라는 법전이 있었다. 주권자는 국민들을 어떻게 다스릴 것인가에 대한 자기 생각과 계획, 자기 뜻을 담아서 법을 만든다. 그래서 모든 나라에는 법이 있고, 한 나라의 국민이라면 반드시 그 나라의 법을 지켜야 한다. 법을 잘 지키면 그 나라의 국민이 되는 것이 아니고, 그 나라의 국민이기 때문에 법을 잘 지키면서 살아야 한다.

하나님께서 이스라엘에게 율법을 주신 목적도 마찬가지이다. 하나님은 먼저 이스라엘을 자신의 백성으로 삼으시고, 자신의 백성들이 하나님과 같이 거룩한 백성이 되도록 하나님의 뜻을 담아 율법을 주셨다. 그러므로 율법을 잘 지키면 하나님의 백성이 되고, 구원을 받는 것이 아니다. 이미 하나님을 믿고 순종함으로 하나님의 백성이 되었기 때문에 하나님께서 통치수단으로 만드신 율법을 잘 지키면서 살아야 한다.

국민은 주권자에게 복종해야 하는데, 자신이 속한 나라의 법을 지키는 것이 바로 주권자에게 복종하는 길이다. 그래서 국민이 법을 지키지 않으면, 곧 죄를 지으면 벌을 받게 된다. 이는 옛날이나 지금이나 마찬가지이다. 오늘날도 법을 어기면 벌을 받고, 감옥에 가는 것을 당연하게 여긴다.

그런데 국민이 좀 더 심하게 법을 어겨서 주권자의 권위에 도전하게 되면 이는 곧 반역이 된다. 우리는 이것을 쿠데타라고 한다. 반역을 일으킨 자는 보통 사형에 처하는 경우가 많다. 조선 시대에도 역적은 삼족(친가, 외가, 처가)을 멸하였다는 말이 있다. 그만큼 반역은 심각한 죄이며, 용서받을 수 없는 죄이다.

여기에서 법을 어겼을 때 주권자가 왜 벌을 주는가에 대해 생각해 볼 필요가 있다. 법을 어겼을 때 벌을 주는 것은 단순히 죄인들에게 고통을 주거나, 괴롭히고 힘들게 하는 것이 목적이 아니다. 죄인들에게 벌을 주는 것은 주권자의 통치에 복종하는 올바른 국민이 되도록 하는 것이 목적이다. 이는 한 가정에서도 마찬가지이다. 부모가 잘못을 범한 자녀들에게 매를 드는 것은 자녀가 미워서 괴롭히려고 하는 것이 아니다. 오히려 자녀를 정말 사랑하기 때문에 자녀가 올바른 사람으로, 훌륭한 사람으로 자라도록 하기 위해서 매를 들게 된다. 이것이 벌을 주는 목적이다.

성경은
하나님 나라에 대한 이야기이다

하나님 나라도 일종의 나라이다. 그래서 일반적인 나라와 마찬가지로 나라가 갖추어야 하는 요건을 갖추어야 한다. 주권이 있어야 하고, 국민이 있어야 하고, 영토가 있어야 한다. 단지 하나님의 나라이기 때문에 주권이 하나님께 있어야 하고, 국민은 하나님의 다스림을 받는 하나님의 백성이 되어야 한다는 점이 다를 뿐이다. 성경은 하나님 나라의 역사책이라고 할 수 있다. 왜냐하면 성경을 자세히 보면 하나님 나라를 구성하는 이 세 가지에 대한 이야기가 주로 담겨있기 때문이다.

지금부터 나라를 구성하는 세 가지 요소가 성경에 어떻게 담겨 있는지 살펴보기로 하자. 먼저 성경에는 영토 곧 땅에 대한 이야기가 많이 등장한다. 땅을 창조하는 것으로 시작해서 에덴동산도 사실 땅에 대한 이야기라고 할 수 있다. 하나님이 아브라함에게 주신 약속 중에도 땅에 대한 내용이 포함되어 있다. 하나님은 아브라함에게 구체적으로 애굽 강에서부터 큰 강 유브라데(유프라테스)까지 아브라함의 자손들에게 주겠다고 약속하셨다. 출애굽 사건 이후 이스라엘 백성들은 하나님이 약속하신 땅을 차지하기 위해 출발하는 모습을 볼 수 있다. 여호수아는 약속의 땅인 가나안을 정복하기 위해 전쟁을 벌이며, 이때 땅에 대한 약속이 일부 이루어지게 된다. 그러나 이 약속은 사사 시대를 거쳐 다윗 왕에 이르러서야 완전히 성취된다. 이 모든 이야기가 영토 곧 땅에 대한 이야기이다.

또한 성경에는 국민에 대한 이야기도 많이 등장한다. 성경에서는 국민을 하나님의 백성이나 이스라엘 자손으로 표현하고 있다. 구약성경에는 12지파로 이루어진 이스라엘이 하나님의 백성으로 등장한다. 신약에 들어와서 복음서에서는 예수님의 제자들이, 사도행전부터는 열두 제자를 기반으로 설립된 교회가 바로 하나님의 백성으로서의 역할을 수행하고 있다.

그리고 마지막으로 성경에는 왕에 대한 이야기가 많이 기록되어 있다. 역사서는 왕에 대한 이야기가 핵심을 이루고 있다. 일반적으로 역사책을 보면 백성들에 대한 이야기보다는 왕들에 대한 이야기가 중심을 이루고 있다. 왕정국가에는 주권이 왕에게 있기 때문이다. 자세히 보면 모세오경이나 선지서, 시가서도 왕에 대한 이야기를 많이 담고 있음을 알 수 있다. 사실 복음서도 왕에 대해 이야기를 하고 있는데 그 왕이 이 땅에 오신 하나님, 곧 예수님이라는 사실을 강조하고 있을 뿐이다.

하나님 나라는 어떻게 이루어지는가?

왕으로서의 하나님의 주권과 백성과 땅, 이 세 가지가 제대로 갖추어질 때 바로 하나님 나라가 이루어지게 된다. 하나님 나라는 가상적인 나라도 아니고 먼 미래에 이루어질 유토피아도 아니다. 하나님의 주권이 바로 서고, 백성들이 하나님의 주권에 순종하며, 땅이 하나님의 다스림을 받고 있을 때 그곳에 바로 하나님의 나라가 이루어지게 된다.

예수님도 하나님의 나라가 바로 우리 안에 있다고 말씀하셨다. 예수님이 왜 이렇게 말씀하셨을까? 현재 우리의 모습에 대해 생각해 보자. 우리가 하나님을 믿을 때 성령 하나님이 우리 안에 들어오시게 된다. 바로 성령 하나님이 우리의 왕으로 우리 안에 임재하게 되는 것이다. 그리고 우리는 하나님의 말씀에 순종하며, 성령의 인도함을 따르게 된다. 곧 하나님의 백성이 되는 것이다. 결국 하나님이 우리를 다스리게 되고, 하나님의 통치가 우리 각 사람에게 미치게 된다. 이렇게 하여 왕으로서의 하나님의 주권과 백성, 영토가 다 갖추어지게 된다. 다시 말하면 우리 안에 하나님의 나라가 이루어지게 되는 것이다.

우리가 예수 그리스도를 영접한다는 것은, 우리가 하나님을 믿는다는 것은 하나님을 우리의 주권자, 우리의 왕으로 인정하는 것을 의미한다. 우리가 예수 그리스도를 구주로 영접하는 즉시 우리는 하나님의 백성이 되고 우리 안에 하나님의 나라가 이루어지게 된다. 그리고 우리는 하나님의 나라에서만 누릴 수 있는 안식을 누리게 된다. 하나님의 나라는 단순히 먼 미래의 이야기가 아니라 이미 우리 안에 이루어지고, 오늘 우리가 누리고 있으며, 누릴 수 있는 나라이다.

하나님의 나라의 구성 요소

그러면 먼저 하나님 나라의 구성 요소 중에서 하나님의 주권에 대해서 좀 더 자세히 알아보도록 하자. 앞에서 주권은 최종의사결정권과 같다고 하였다. 따라서 주권이 하나님께 있다는 것은 최종 의사결정권이 하나님께 있다는 것을 의미한다. 이는 모든 일에 있어서 최종적인 결정을 내리는 분이 하나님이시라는 뜻이다.

직장 생활을 경험한 사람들은 결재가 어떤 의미를 지니는지 잘 알 것이다. 직장인 중에 자신이 사장이 아니면서 혼자 독단적으로 어떤 일을 결정하는 경우는 거의 없을 것이다. 무슨 일을 하려고 하면 반드시 상관들의 결재를 받아야 한다. 팀원인 경우에는 팀장의 결재를 받고, 임원의 결재를 받고, 중요한 일인 경우 사장의 결재까지 받아야 한다. 상관들의 결재를 받지 않고 혼자 결정해서 일을 진행한다는 것은 생각조차 할 수 없다. 최종 의사결정권자가 자신이 아니라 사장이기 때문이다. 그런데 결재를 한다는 것은 결정할 수 있는 권한을 행사하는 것과 동시에 그 일에 대한 책임을 진다는 의미를 포함하고 있다. 권리를 행사하면 그에 따르는 책임도 수반되기 때문이다. 이처럼 최종 의사 결정권은 권리인 동시에 책임을 수반한다.

하나님은 우리의 최종 의사결정권자이다. 성경에는 최종 의사결정권자를 종종 왕이라고 표현하고 있다. 하나님은 우리의 왕이시고, 우리는 그의 백성이다. 하나님이 우리의 최종 의사결정권자이기 때문에 우리는 하나님의 결재를 받아야 한다. 우리의 삶 가운데 일어나는 모든 일에 대해서 우리는 하나님의 의사를 물어야 한다. 하나님의 뜻을 묻고, 하나님의 계획을 물어야 한다. 그리고 하나님의 결정에 순종해야 한다. 이렇게 하나님의 결재를 받는 것을 익숙한 말로 기도라고 한다. 기도는 단순히 내가 원하는 것을 아뢰는 것이 아니라 하나님의 뜻을 묻고, 하나님의 결정을 기다리는 것이다. 또한 우리가 하나님의 결정에 순종했을 때, 하나님께서 결재하셨기 때문에 책임도 하나님께 있다. 그러므로 하나님께서 결재한 일에 대해서는 우리가 염려할 필요가 없다. 예수님도 먼저 하나님의 나라와 의를 구하며 내일 일을 염려하지 말라고 하셨다. 하늘 아버지께서 우리에게 필요한 모든 것을 책임져 주시기 때문이다.

그러므로 우리는 모든 일에서 하나님의 뜻을 묻고 있는지 스스로 질문해 보아야 한다. 나는 날마다 하나님께 결재를 올리고 있는가? 그런데 문제는 자신도 선뜻 그렇다고 자신 있게 대답하기 쉽지 않다는 점이다. 이런 자신의 모습을 볼 때 부끄럽기도 하고, 다시 한번 하나님 앞에서 부족한 자신의 모습을 돌아보게 된다. 왜냐하면 내 생각대로, 내 욕심대로, 내 계획대로, 나의 경험을 좇아 의사 결정을 할 때가 더 많기 때문이다. 하나님을 믿는다고 하면서, 하나님의 백성이라고 자처하면서 실제 삶 가운데서는 하나님을 왕으로 인정하고 섬기기보다, 하나님의 뜻을 구하기보다, 하나님의 계획대로 행하기보다 내 생각에 옳은 대로 행할 때가 더 많기 때문이다. 하나님의 영광을 구하기보다 내 욕심을 채우고, 나의 유익을 구할 때가 더 많기 때문이다. 하나님께 결재를 올리기보다 나 스스로 결재를 해버릴 때가 더 많기 때문이다. 입술로는 하나님이 나의 왕이라고 고백하지만 실제로는 나 자신이 왕 노릇 하고 있기 때문이다. 이는 한편으로는 하나님을 왕으로 인정하지 않는 것이며, 또 다른 한편으로는 하나님께 대한 믿음이 이 정도밖에 되지 않는다는 사실을 적나라하게 보여준다. 한 마디로 사사기에서 타락한 이스라엘 백성들의 모습을 결론적으로 묘사한 구절과 똑같은 모습이다. "그때 이스라엘에 왕이 없음으로 사람이 각기 자기의 소견에 옳은 대로 행하였더라"(사사기 21:25)

하나님을 왕으로 인정하지 않고 자기 소견에 옳은 대로 행하는 것이 바로 성경에서 말하는 죄이다. 아담과 하와가 선악과를 따먹은 것이 왜 그리 심각한 문제인지 생각해 보자. 아담과 하와가 선악과를 따먹을 때 하나님께 물었는가? 하나님의 결재를 받았는가? 대답은 '아니오'이다. 아담과 하와는 하나님께 묻지 않았다. 하나님의 결재를 받지 않았다. 한 마디로 자기 생각대로 결정한 것이며, 자신의 욕심대로 결정한 것이다. 창세기 3장에는 아담과 하와가 선악과를 따먹은 동기가 하나님과 같이 되고자 했다고 분명히 기록하고 있다. 아담과 하와에게 하나님 대신 자신들이 왕 노릇 하고자 하는 욕심이 생긴 것을 알 수 있다. 이를 볼 때 아담과 하와가 선악과를 따먹은 것은 단순한 문제가 아니라 하나님의 왕권에 대한 도전이라고 할 수 있다. 달리 말하면 반역이다. 왕이신 하나님께 대적하는 쿠데타를 일으킨 것이나 마찬가지이다. 이들이 선악과를 따먹을 때 하나님은 안중에도 없었다. 하나님은 이제 이들의 왕이 아니었다. 이것이 과연 단순한 문제일까? 이것이 바로 성경에서 말하는 죄이다. 결국 아담의 죄는 반역죄라고 할 수 있다.

이런 모습이 단지 아담과 하와의 모습만이 아님을 우리는 알고 있다. 주변에 있는 사람들의 모습 속에서도, 나 자신의 모습 속에서도 정도의 차이는 있겠지만 이와 같은 모습을 어렵지 않게 발견할 수 있기 때문이다. 지난 한 주간 동안 우리에게 일어났던 많은 일 중에 하나님의 결재를 받고 행했던 일이 얼마나 되는지 한 번 생각해 보자. 몇 퍼센트나 될까? 혹시 나는 100%다 하는 사람이 있을까? 하나님을 왕으로 인정하지 않고 자기 자신이 결재하는 것, 자신이 왕 노릇 하는 것, 이것이 바로 죄다. 하나님을 믿는다고 하면서도, 교회에 다니면서도 어려운 일이 생기면 먼저 하나님께 기도하기보다 점을 보러 가거나 다른 사람을 찾아가서 도움을 청하는 사람들도 적지 않다. 아무런 고민도 없이 자기 생각대로 해버리는 경우가 너무 많다. 이것이 바로 하나님이 가장 싫어하시는 우상숭배라고 할 수 있다. 이스라엘 백성들의 가장 큰 문제였던 혼합주의와 다를 것이 없다. 이런 우리의 모습은 이스라엘 백성들이 하나님도 섬기면서 동시에 바알도 섬기고, 성전에서도 제사를 지내면서 동시에 이방신들의 산당에서도 제사를 지냈던 것과 똑같은 모습이다.

회개한다는 것은 단순히 우리의 잘못을 고백하고 용서를 비는 것이 아니라 근본적으로 하나님이 나의 왕임을 인정하고 하나님의 다스림 속으로 들어가는 것을 의미한다. 최종 결정을 하나님께 맡기고, 하나님의 뜻을 묻는 것을 뜻한다. 이것이 바로 믿음이다. 믿음은 하나님께 대한 신뢰이며, 믿음이 있을 때만 기도할 수 있다. 그래서 회개는 믿음을 수반하며, 믿음이 없이는 이루어질 수 없다.

성경은 많은 이야기를 다루고 있는 것 같지만 한마디로 요약하면 "누가 진정한 왕이며, 누가 진정한 왕의 백성인가?"에 대해 이야기하고 있다. 한 나라의 역사를 공부하다 보면 주로 그 나라의 왕이나 왕이 행한 업적에 대해서 많이 다루고 있다는 점을 발견하게 된다. 앞에서 성경은 하나님 나라의 역사에 대해 기록하고 있다고 언급하였다. 그래서 성경에도 왕에 대한 이야기가 많이 등장한다. 역사서[1]를 보면 왕들에 대한 이야기가 주를 이루고 있는 것을 볼 수 있다. 역사서뿐만 아니라 성경 전부가 왕에 관한 이야기라고 해도 과언이 아니다. 사실 복음서도 왕에 관한 이야기라고 할 수 있다. 복음서는 바로 이 땅에 왕으로 오신 예수 그리스도에 관한 이야기이기 때문이다. "나는 누구를 진정한 왕으로 섬기고 있는가?" 내가 누구를 왕으로 섬기고 있는지 항상 점검해 보아

1 개역 개정 성경의 여호수아서부터 에스더서까지를 역사서라고 한다.

야 한다.

하나님의 백성은 하나님의 다스림을 받고, 하나님의 뜻에 순종하는 자를 의미한다. 하나님의 백성이라고 자처하면서 하나님의 뜻에 순종하지 않는 것은 있을 수 없는 일이다. 하나님의 뜻을 거역하는 자는 이미 진정한 하나님의 백성이라고 할 수 없다. 한 나라에서 왕의 명령을 고의로 거부하는 것은 왕의 통치 이념이 담긴 법을 무시하는 것과 같다. 그래서 한 나라의 백성이 그 나라의 법을 지키듯이 하나님의 백성은 하나님께서 만드신 율법에 순종해야 한다. 율법을 잘 지켜서 하나님의 백성이 되는 것이 아니라 하나님의 백성이기 때문에 하나님의 통치 이념 즉, 하나님의 뜻과 계획이 담긴 하나님의 말씀에 순종해야 한다.

왕이신 하나님의 주권이 바로 서고, 우리가 하나님의 뜻에 순종하는 백성이 되어, 하나님의 통치가 우리에게 미치게 되면 즉시 우리에게 하나님의 나라가 이루어지게 된다. 창세기에 나오는 창조의 역사는 바로 하나님이 하나님 나라를 창조하신 역사라고 할 수 있다.

우주 만물이 창조된 상태를 생각해 보자. 하나님이 우주 만물을 창조하시고 만물을 통치하신다. 누구도, 어떤 피조물도 하나님의 통치를 거부하지 않는다. 만물에 대한 주권이 하나님께 있으며, 만물이 하나님의 통치에 순종하고 있다. 인간도 물론 하나님께 순종하고 있다. 그뿐만 아니라 하나님은 인간에게 만물을 다스리는 권한을 위임해 주셨다. 창세기 2장에서 우리는 다른 피조물들의 이름을 지어주고 다스리며 하나님의 명령에 순종하고, 하나님의 통치를 받는 아담의 모습을 볼 수 있다. 바로 하나님의 주권에 순종하는 하나님의 자녀요, 하나님의 백성의 모습이다. 인간이 타락하기 전 모든 세계는 하나님의 통치 영역 아래 있었다. 하나님의 주권이 바로 서 있고, 하나님의 통치를 받는 백성들이 있고, 우주 전체가 하나님의 통치 영역 아래에 있으니 이것이 바로 하나님의 나라인 셈이다. 그래서 우리는 하나님의 천지창조를 하나님 나라의 창조라고 말할 수 있다. 인간을 포함한 모든 피조물은 하나님 나라에서 하나님과 더불어 안식을 누리면서 살고 있었다.

하나님 나라의 상실과 회복에 대한 약속

그런데 불행하게도 아담과 하와의 불순종으로 인간은 하나님 나라를 상실하게 된다. 선악과를 따먹는 아담과 하와의 모습을 생각해 보자. 먼저 하나님께서 금지하신 선악과를 따먹는 것을 누가 결정했는가? 성경은 하와가 결정하고, 아담이 결정했다고 이야기하고 있다. 또한 아담과 하와는 이 행동을 하기 전에 하나님께 묻지 않았다. 하나님의 결재를 받지 않고 자신들의 뜻대로 행하였다. 이는 아담과 하와가 선악과를 따먹을 때 하나님의 주권을 인정하지 않았음을 의미한다. 최종 의사결정권자이신 하나님을 망각하고, 자신들이 결정권자가 되어 자기 마음대로 결정하고 행동한다. 이는 하나님의 주권, 즉 하나님의 왕권을 인정하지 않았음을 의미한다. 왕이신 하나님의 주권을 인정하지 않음으로 하나님의 주권이 무시되고, 하나님의 말씀에 순종하지 않으니 이제는 하나님의 백성이라고 할 수 없다. 하나님의 주권이 바로 세워지지 않고, 왕과 백성의 관계도 깨어진 상태이므로 하나님의 나라가 제대로 설 수 없게 된 상황이다. 하나님이 아담과 하와를 저주하지 않아도 이미 아담과 하와는 하나님의 나라를 상실한 상태에 놓이게 된 것이다.

선악과를 따먹은 후에 아담과 하와의 모습이 어떻게 변화되었는지 살펴보자. 하나님이 아담과 하와에게 벌을 내리기 전에도 이들은 하나님을 두려워하여 피하고, 수치심으로 자신의 몸을 가리고, 서로 네 탓이라고 손가락질하는 모습으로 변화되었다. 하나님이 저주를 하기 전에도 이미 이들의 마음에는 하나님 나라에서 그동안 누려왔던 안식이 사라져 버렸음을 알 수 있다. 불순종으로 말미암아 인간은 하나님의 나라를 상실하고 안식을 잃어버리게 된 것이다. 안식을 잃어버린 인간의 모습이 하나님을 떠난 인간의 실존이다.

그러나 하나님은 인간이 하나님 나라를 상실하자마자 이를 회복시켜주겠다고 약속하신다. 창세기 3장 15절이 바로 하나님 나라를 회복하시겠다는 하나님의 약속이다. 하나님은 이 구절에서 여자의 후손을 통해서 잃어버린 하나님 나라의 회복을 약속하신다. 여자의 후손에 대한 약속은 아브라함 언약, 시내산 언약, 다윗 언약으로 이어지고, 결국에는 예수님을 통해서 성취된다. 잃어버린 하나님 나라의 회복과 완성, 이것이 하나님의 원대한 계획이라는 뜻이다. 그리고 우리가 사는 이 세상의 역사는 하나님 나라의 회복과 완성을 위해 하나님께서 이루어 나가시는 역사라고 할 수 있다. 한마디로 타락한 인간을 위한 구속의 역사이다. 그러므로 성경은 하나님 나라의 창조와 상실, 회복과 완성을 기록하고 있는 책이라고 할 수 있다. 특히 하나님 나라의 상실 이후 하나님께서 어떻게 하나님 나라를 회복시켜 나가시는가를 자세하게 기록하고 있는 책이라고 할 수 있다.

그러면 하나님께서는 하나님 나라를 어떻게 회복해 나가시는가? 우리가 앞에서 살펴본 것처럼 하나님의 나라가 회복되려면 가장 먼저 하나님의 주권이 회복되어야 한다. 곧 하나님이 진정한 왕으로 등극을 하셔야 한다. 그리고 백성들이 이 하나님의 주권을 인정하고 하나님을 왕으로 섬겨야 한다. 사람들이 왕의 통치에 순종하는 진정한 왕의 백성들이 되어야 한다. 그리고 하나님의 통치권이 영향을 미치는 영역, 곧 영토가 회복되어야 한다. 이 세 가지가 회복될 때 하나님 나라의 회복은 자연스럽게 이루어지게 된다.

성경은 매우 방대한 책이고, 많은 내용을 담고 있는 것 같지만 자세히 보면 이 세 가지에 관해서 이야기하고 있다고 할 수 있다. 하나님께서 어떻게 하나님의 주권을 회복시키시고, 백성들을 하나님의 백성으로 삼으시며, 더 나아가 어떻게 백성들이 땅을 차지하게 하는가를 기록하고 있는 책이다. 그래서 성경을 보면 왕에 대한 이야기, 이스라엘 백성이나 교회에 대한 이야기, 땅에 대한 이야기가 많이 기록되어 있다. 하나님은 하나님 나라를 회복시키기 위해 사람들을 부르시고, 하나님의 부르심에 순종하는 자들에게 약속을 주시고, 그 약속을 성취해 나가시며 하나님 나라를 회복시키신다. 성경은 바로 이 내용을 담고 있는 책이다.

하나님 나라의 관점에서 본 성경

그러면 하나님 나라의 관점에서 성경 전체를 간단하게 살펴보도록 하자.(그림5 참조) 성경은 66권의 책으로 구성되어 있는데, 크게 구약 39권과 신약 27권으로 이루어져 있다. 구약 성경을 좀 더 세분화해보면 모세가 기록한 것으로 알려진 모세오경(창, 출, 레, 민, 신)과 역사서(여호수아~역대하, 에스라~에스더), 시가서(욥, 시, 잠, 전, 아), 그리고 선

구약	모세오경 (창-신)	역사서 (수-대하, 에스라-에스더)	시가서 (욥,시,잠,전,아)	선지서 (이사야-말라기)
	하나님나라 창조 /상실(타락) /회복의 대한 약속 /회복 준비(백성, 땅, 왕)	하나님의 주권 정립 : 누가 참된 왕이며, 하나님의 백성인가?	하나님의 백성들의 삶의 모습	참된 왕을 거역하는 백성들에 대한 경고와 심판 /사랑과 은혜
신약	복음서	사도행전 서신서	요한계시록	
	하나님나라의 성취(도래) : 왕의 강림	하나님나라의 확장	하나님나라의 완성	

[그림 5] 신구약 성경 구성

지서(이사야~말라기)로 나눌 수 있다. 신약성경은 사복음서(마, 막, 눅, 요), 사도행전과 서신서, 요한계시록으로 나눌 수 있다.

모세오경은 이미 살펴보았듯이 하나님 나라의 창조와 상실, 회복에 대한 약속과 그 약속을 성취해 나가는 과정을 그리고 있다. 창세기에는 하나님 나라의 창조와 상실, 회복에 대한 약속이 기록되어 있고, 족장들을 통해서 하나님의 백성을 형성해나가는 모습이 담겨있다. 그리고 출애굽기에는 이스라엘이 큰 민족을 이루고 출애굽 역사를 통해서 하나님이 이스라엘의 왕이 되시고, 이스라엘 자손을 하나님의 백성으로 삼으시는 모습이 기록되어 있다. 그리고 시내산에서 하나님은 이를 공식화하기 위해서 이스라엘과 언약을 체결한다. 언약 체결 후에는 출애굽기 20장부터 왕이신 하나님의 통치 이념이 담긴 율법을 주시는 모습이 묘사되어 있다. 하나님은 십계명을 비롯하여 하나님의 백성들이 지켜야 할 각종 율법을 주신다. 이 율법은 레위기까지 계속된다. 하나님이 이스라엘 백성들을 위하여 율법을 주신 후에 민수기에서는 이스라엘 백성들이 군대를 편성하여 땅을 정복하기 위해 나서는 모습이 등장한다. 이제 하나님은 이스라엘의 왕이 되시고, 이스라엘은 하나님의 백성이 되어 하나님이 약속하신 땅을 차지하기 위해 나아가게 되는 것이다. 주권과 백성, 영토가 모두 갖추어지게 된 것을 볼 수 있다. 바로 나라가 이루어지게 되며. 이 나라의 주권이 하나님께 있기 때문에 하나님의 나라가 이루어지게 되었다고 할 수 있다. 이것이 모세오경의 주요 내용이다.

역사서는 땅에 대한 문제도 등장하지만 주로 "누가 진정한 이스라엘의 왕인가?"라는 문제를 이야기하고 있다. 좀 더 구체적으로 말하자면 여호와 하나님이 이스라엘의 진정한 왕인지 아니면 바알이 왕인지에 대한 문제를 다루고 있다. 그러므로 역사서는 주권 문제를 다루고 있다고 할 수 있다.

역사서에는 하나님이 세우신 인간 왕들이 많이 등장하는데 우리는 여기에서 하나님이 왜 인간 왕들을 세우셨는지 생각해 볼 필요가 있다. 이를 위해 먼저 한 가지 질문을 던져보자. "하나님이 세우신 인간 왕들이 진정한 주권을 지닌 최종 의사 결정권자들인가?" 역사서를 자세히 읽어보면 우리는 그렇지 않다는 사실을 발견하게 된다. 역사서에 등장하는 인간 왕들은 하나님의 대리 통치자들에 불과하다. 하나님을 대신해서 하나님의 백성들을 다스리도록 하나님으로부터 권한을 위임받은 자들이다. 그래서 인간 왕들에게는 병마나 아내, 은금을 의지하지 말고, 평생 율법 책을 옆에 두고 읽으며 여호와 경외하기를 배우고 율법을 잘 지키도록 요구되었다. 그리고 역사서에서는 하나님의 뜻대로 백성들을 잘 통치하고 있는가, 그렇지 않은가를 기준으로 인간 왕들을 평가하고 있다.

시가서는 하나님 나라 백성들의 삶의 원리와 모습이 담겨있다. 한마디로 인간에게 필요한 행복한 삶의 비결에 관해 이야기하고 있다고 할 수 있다. 그리고 선지서는 왕이신 하나님의 주권을 인정하지 않는 백성들에 대한 경고와 심판, 하나님 나라의 회복(다윗의 후손 즉 메시아를 보내 주시겠다는 약속)에 대한 약속을 담고 있다. 그래서 선지서에는 죄를 범한 백성들을 심판하지만, 다시 회복시킬 것을 약속하는 하나님의 사랑이 잘 나타나 있다. 이렇게 해서 구약이 끝을 맺게 된다. 이처럼 구약 성경 전체가 왕과 백성, 땅에 관한 이야기, 즉 하나님 나라에 관한 이야기라고 할 수 있다.

그럼 이제 신약 성경을 한 번 살펴보기로 하자. 신약성경은 복음서로 시작하는데 복음서는 왕이신 예수 그리스도의 강림으로 하나님 나라가 성취되는 모습을 보여준다. 예수님이 왕으로서 자기 백성들 가운데 오심으로 하나님의 나라가 이미 이루어졌음을 보여준다. 그리고 사도행전과 서신서는 예수님으로 말미암아 성취된 하나님의 나라를 성령 하나님께서 교회를 통해서 어떻게 확장해 나가시는가를 보여주고 있다. 마지막으로 요한계시록에서는 드디어 이 하나님 나라가 예수님의 재림을 통해 완성되는 모습을 보여준다.

이처럼 성경은 전체적으로 하나님 나라에 대한 이야기를 담고 있다. 하나님께서 어떻게 하나님 나라를 창조하시고, 인간의 타락으로 상실했던 하나님 나라를 어떻게 회복해 나가시는가를 보여주고 있다. 하나님 나라의 창조와 회복, 완성 이것이 바로 하나님의 궁극적인 계획이기 때문이다.

하나님 나라의 회복과 우리의 사명

성경이 하나님 나라의 회복과 완성에 관해 이야기하고 있고 이것이 하나님의 계획이라면, 하나님이 어떻게 하나님 나라의 회복과 완성에 대한 계획을 이루어 나가시며, 이것이 우리와 무슨 상관이 있는지 살펴볼 필요가 있다.

하나님은 하나님 나라의 회복 역사를 이루기 위해서 아브라함 한 사람을 부르셨다. 하나님이 아브라함을 부르시고 크게 세 가지 약속을 주셨다는 사실은 창세기를 읽어 본 사람들은 누구나 잘 알고 있는 사실이다.

여기에서 하나님이 아브라함에게 주신 세 가지 약속과 이 약속이 구체적으로 어떤 의미를 지니고 있는지 살펴보기로 하자. 하나님은 아브라함을 부르시고, 먼저 아브라함에게 큰 민족을 이루어주겠다고 약속하신다. 아브라함의 자손을 하늘의 별과 같이, 바닷가의 모래같이 번성하게 하겠다고 약속하신다. 아브라함은 75세가 되었지만, 자식이 없었다. 이런 아브라함에게 큰 민족을 이루어주겠다는 약속은 단순히 자식을 주겠다는 의미로 들렸을 수도 있다. 그러나 가만히 생각해 보라. 이는 단순히 아브라함에게 자식을 주겠다는 약속이 아니다. 이 약속은 아브라함을 통해 하나님의 백성을 이루시겠다는 약속이다. 하나님은 아브라함에게 아들 이삭을 주셨을 뿐만 아니라, 출애굽기를 읽어보면 하나님이 아브라함을 통해 큰 민족을 이루신 것을 볼 수 있다. 하나님이 아브라함에게 약속하신 지 600여 년 후, 이스라엘 백성들이 출애굽을 할 때쯤에 이르러 아브라함의 후손들은 약 2백만 명에 이르는 큰 민족을 형성하게 된다.

두 번째로 하나님은 아브라함에게 복의 근원이 되도록 하겠다는 약속을 하신다. 어떻게 땅의 모든 민족이 아브라함으로 말미암아 복을 얻을 수 있는가? 창세기 22장 17~18절에서 하나님은 아브라함에게 "네 씨가 그 대적의 성문을 차지하리라 또 네 씨로 말미암아 천하 만민이 복을 받으리니"라고 복의 근원에 대한 약속을 좀 더 구체적으로 말씀하셨다. 이는 아브라함의 후손을 통해서 사탄의 세력을 꺾으시겠다는 약속이다. 이는 바로 예수 그리스도에 대한 약속이며, 예수님이 왕으로 오실 것이라는 약속이다. 아브라함의 후손 가운데서 예수 그리스도가 탄생하실 것이며, 이는 모든 민족에게 미칠 큰 기쁨의 좋은 소식임이 틀림없다. 예수님으로 말미암아 모든 사람이 생명을 얻게 되기 때문이다. 예수님의 탄생 소식, 이것이 바로 복음이다. 예수 그리스도로 말미암아 아브라함은 복의 근원이 될 수 있는 것이다. 이 약속은 창세기 3장 15절에 약속된 여자의 후손에 대한 약속, 다윗의 왕위를 영원히 견고하게 세우시겠다는 다윗 언약과 연결된다. 이 약속은 메시아에 대한 약속이며, 동시에 예수님이 이 땅에 왕으로 오셔서 왕의 주권을 바로 세우겠다는 약속이다. 그래서 마태는 왕의 강림을 이야기하면서 “아브라함과 다윗의 자손 예수 그리스도의 계보라”라는 말로 마태복음을 시작하고 있다. 아브라함을 복의 근원으로 삼겠다는 약속은 바로 아브라함의 후손 가운데서 예수 그리스도께서 탄생하실 것을 약속하신 것이며, 예수님이 왕으로 오심으로 하나님의 주권을 바로 세우겠다는 약속이다.

그리고 마지막으로 하나님은 “아브라함의 자손에게 애굽 강에서부터 유브라데(유프라테스)까지 땅을 주겠다”(창세기 15:18)고 약속하신다. 이 땅에 대한 약속은 여호수아가 가나안 땅을 정복하면서 부분적으로 이루어지기 시작하여 다윗 왕에게 이르러 완전히 이루어지게 된다.

이상에서 살펴본 대로 하나님께서 아브라함에게 주신 세 가지 약속은 백성과 주권, 영토에 대한 약속임을 알 수 있다. 달리 말하면 바로 아브라함을 통해서 하나님 나라를 회복하겠다는 약속이다. 하나님은 아브라함을 통해서 하나님의 궁극적인 계획인 하나님 나라를 회복하고자 하신 것이다. 하나님 나라 회복은 지금까지 강조했던 것처럼 하나님께서 이 세상에서 이루고자 하시는 하나님의 계획이요, 하나님의 뜻이다. 그러므로 이 세상에서 이것보다 더 중요한 일이 있을 수 없다. 세상 역사는 바로 하나님 나라의 회복을 향해 흘러가고 있으며, 이것이 가장 중요한 역사의 흐름이다.

그런데 이와 같은 위대한 일을 맡기기 위해 하나님이 부르신 아브라함은 어떤 사람이었는가? 아브라함은 평범한 보통 사람이었다. 오히려 자식 하나 없이 쓸쓸히 살아가는 보잘것없는 사람에 불과하였다. 오늘날 우리의 모습과 별로 다를 것이 없어 보인다. 그런데 하나님은 이런 아브라함을 통해 하나님 나라를 회복하는 하나님의 궁극적인 뜻을 이루고자 하셨다. 그리고 아브라함을 통해 하나님 나라 회복의 역사를 친히 이루어 나가셨다.

하나님이 이렇게 중요한 일을 어떻게 보잘것없는 보통 사람인 아브라함을 통해 이루고자 하셨을까? 세상에서는 이처럼 중요한 일은 큰일을 할 만한 능력이 있는 사람에게 맡기는 것이 일반적이다. 그러나 하나님은 평범한 아브라함을 불러서 이 일을 맡기셨다. 하나님은 이를 통해 하나님 나라는 아브라함이 이루어 나가는 것이 아니라 하나님이 이루어 나가는 역사임을 보여 주신다. 하나님 나라를 회복하는 역사는 인간이 이루어 나가는 역사가 아니라 하나님이 계획하시고 이끌어 나가는 역사이다. 하나님이 역사의 주관자시며, 아브라함은 단지 이 역사에 쓰임 받는 도구에 불과하다.

때로 우리는 세상 역사를 보며 인류의 역사가 위대한 왕들이나 강대국에 의해 움직인다고 생각한다. 바빌로니아나 페르시아, 그리스나 로마와 같은 강대국들의 왕에 의해서 역사가 움직인 것처럼 보인다. 오늘날도 미국이나 중국, 러시아 등 소위 강대국이라고 불리는 나라들이나 이런 나라들의 정치가들에 의해 움직이는 것같이 생각된다. 그러나 이들도 하나님이 쓰시는 도구에 불과하다. 하나님이 이스라엘을 심판하기 위해 앗시리아나 바빌로니아를 사용하시고, 이스라엘 백성들을 회복시키기 위해 페르시아의 키루스 왕을 사용하신 것처럼 세상 왕들이나 강대국들은 하나님이 쓰시는 도구에 불과하다. 역사의 주관자는 하나님이시며, 하나님이 역사를 주도해 나가신다. 그리고 하나님이 하나님 나라 회복이라는 역사의 가장 중요한 물줄기 가운데로 아브라함을 부르시고 사용하셨다.

하나님은 지금도 하나님 나라를 확장해 나가고 계신다. 그러면 오늘날은 하나님이 누구를 통해서 이 일을 이루어 나가실까? 바로 교회이다. 오늘날은 교회가 하나님의 백성이며, 하나님은 자신의 백성들을 통해서 하나님 나라를 확장해 나가신다. 여기에서 교회는 건물로서의 교회가 아니라 이 책을 읽고 있는 한 사람 한 사람의 모임을 의미한다. 예수 그리스도를 믿는 모든 자가 바로 교회이며, 하나님을 믿고 왕으로 섬기는 우리들이 교회요, 하나님의 백성이다.

동시에 우리는 믿음으로 아브라함의 자손이 된 사람들이다. 따라서 우리는 아브라함의 후손으로서 하나님이 아브라함에게 하신 약속을 유산으로 물려받은 자들이다. 결국 하나님이 아브라함에게 하신 약속은 오늘날 우리에게도 유효하다고 할 수 있다. 하나님께서 아브라함을 통해서 역사의 물줄기를 이끌어 오셨듯이 오늘날은 우리들을 통해서 역사를 만들어나가신다. 우리가 비록 초라하고 보잘것없는 것처럼 보여도, 우리는 보잘것없는 보통 사람들이 아니다. 하나님이 이루어 가시는 구속 역사의 한 가운데에 서 있는 자들이다. 우리가 하나님이 계획하신 하나님 나라 회복의 역사를 만들어나가는 주역들이다. 우리는 하나님의 계획을 이루어나가는 데 쓰임 받는 역사 창조자들이라고 할 수 있다. 우리가 바로 위대한 역사적 인물들인 셈이다. 하나님 나라의 역사는 유명한 왕들에 의해 쓰이는 것이 아니라 우리 한 사람 한 사람에 의해 쓰이고 있다. 이것이 오늘날 교회를 이루고 있는 우리들이 감당해야 할 사명이요, 우리의 모습이다. 따라서 우리는 자신이 어떤 자인가를 잘 알아야 한다. 그리고 스스로에 대해 자부심을 가질 필요가 있다. 우리가 얼마나 위대한 일을 하고 있는가에 대한 자부심을 가져야 한다. 또한 우리만 자부심을 가질 것이 아니라 우리의 후손들에게도 자부심을 가지고 살도록 이런 역사교육을 해야 한다.

지금까지 지루한 역사 공부를 한 이유가 바로 여기에 있다. 역사는 사실이고, 성경은 역사이며, 하나님은 역사의 주관자이고, 우리는 하나님이 이루어 나가는 역사의 창조자들이다. 이것이 우리의 진정한 모습이다. 이것이 우리가 가져야 할 정체성이다. 예수님이 재림하시고 하나님의 나라가 완성되는 그 날까지 자부심을 가지고 힘써 하나님 나라를 확장해 나가는 데 쓰임 받는 우리가 되면 좋겠다.

2부

모세오경

지금부터 하나님 나라의 관점에서 성경을 좀 더 구체적으로 살펴보도록 하자. 성경에서 가장 먼저 등장하는 성경이 창세기, 출애굽기, 레위기, 민수기, 신명기로 구성된 모세오경이다. 지금부터 모세 오경이 어떤 내용을 담고 있는지 순서대로 살펴보기로 하자.

1장

창세기

개인적으로 성경에서 가장 중요한 책이 창세기라고 생각한다. 창세기만 제대로 공부해도 나머지 성경을 스스로 읽고 이해하는 데 매우 많은 도움이 될 것이다. 창세기는 하나님 나라 창조와 상실, 회복에 대한 약속과 계획이 담겨 있다. 그뿐만 아니라 창세기는 하나님 나라를 회복하기 위해 하나님께서 구체적으로 무엇을 준비하고 어떻게 이루어 나가시는지에 대한 하나님 나라 회복의 기본 원리가 기록되어 있는 책이다.

안식을 위하여

창세기 1장은 하나님의 천지 창조로 시작하고 있다. 여기에서 우리는 하나님께서 왜 우주 만물을 창조하셨는지에 대해 생각해 보아야 한다. 이에 대한 해답을 우리는 창세기 2장 2~3절에서 찾을 수 있다. "하나님이 그가 하시던 일을 일곱째 날에 마치시니 그가 하시던 모든 일을 그치고 일곱째 날에 안식하시니라 하나님이 그 일곱째 날을 복되게 하사 거룩하게 하셨으니 이는 하나님이 그 창조하시며 만드시던 모든 일을 마치시고 그날에 안식하셨음이니라"

안식이란 무엇인가? 국어사전에 보면 안식을 '편안하게 쉬다'라고 설명하고 있는데, 성경에서 의미하는 안식은 하나님 나라의 모습이나 상태를 표현하는 말이라고 할 수 있다. 우리가 하나님 나라에서 얻을 수 있고, 누릴 수 있는 것이 안식이며, 하나님 나라에서 안식하는 것이 우리의 궁극적인 소망이다.

우리가 왜 안식일(주일)을 지키는가? 우리가 안식일을 지키는 것은 하나님께서 하나님 나라를 창조하신 것을 기념하는 의미이다. 출애굽기 20장에는 십계명이 기록되어 있는데 십계명 중에 네 번째 계명이 안식일에 대한 계명이다. "안식일을 기억하여 거룩히 지키라" 그런데 11절에는 왜 안식일을 지켜야 하는지 그 이유를 제시하고 있다. "이는 엿새 동안 나 여호와가 하늘과 땅과 바다와 그 가운데 모든 것을 만들고 일곱째 날에 쉬었음이라 그러므로 나 여호와가 안식일을 복되게 하여 그날을 거룩하게 하였느니라" 하나님께서 안식일을 지키도록 명령하신 것은 하나님의 천지창조 즉 하나님께서 하나님 나라를 만드시고 피조물들과 안식을 누린 것을 기억하고 기념하게 하기 위함이다.

모든 사람이 안식을 얻기 원한다. 요즘같이 바쁘고 스트레스를 많이 받을 수밖에 없는 환경 가운데서 안식을 찾는 것은 쉬운 일이 아니다. 사람들은 돈을 많이 벌어서 좋은 집에 살고, 마음껏 여행을 다니고, 맛있는 음식을 먹고, 명품 자동차를 타고 다니면 안식을 얻을 수 있는 것처럼 생각한다. 이렇게 하면 정말 우리가 안식을 누릴 수 있을까? 대답은 '아니오'이다. 왜 그런가? 참된 안식은 하나님 나라에만 존재하므로 하나님 나라에서만 누릴 수 있기 때문이다. 한편으로 이 말은 하나님 나라가 아닌 그 어디에서도 참된 안식을 누릴 수 없다는 것을 의미한다. 동시에 하나님 나라에서는 저절로 안식을 누리게 됨을 의미하기도 한다. 안식은 우리가 얻으려고 노력하고, 몸부림친다고 해서 얻을 수 있는 것이 아니다. 우리에게 하나님 나라가 회복되면 안식은 저절로 주어지게 된다. 안식은 우리가 쟁취하는 것이 아니라 하나님에 의해 그저

주어지는 것이기 때문이다.

예수님은 하나님 나라가 우리 안에 있다고 말씀하셨다. 왜 예수님께서 하나님의 나라가 우리 안에 있다고 말씀하셨을까? 우리가 예수 그리스도를 구주로 영접하는 순간 성령 하나님이 우리 안에 들어오시고, 성령 하나님이 우리의 왕이 되셔서 우리를 다스려 주시기 때문이다. 성령 하나님은 우리의 왕이요, 우리는 그의 백성이 되고, 동시에 우리 자신이 완전히 성령의 통치 영역에 포함되어 영토가 되기 때문이다. 그러므로 우리 안에 왕으로서의 하나님의 주권이 회복되고, 백성과 영토가 회복되어 하나님의 나라가 이루어지게 된다.

이처럼 우리 안에 하나님 나라가 회복될 때 안식은 저절로 주어지며, 우리는 그 안식을 누리면서 살 수 있게 된다. 따라서 안식을 얻고자 하는 자는 누구나 안식 자체를 얻기 위해 노력할 것이 아니라 우리 안에 하나님 나라를 회복하고자 노력해야 한다. 우리 안에 계신 성령 하나님을 왕으로 인정하며, 그분의 통치를 잘 받고 있는가를 점검해 보아야 한다. 사도 바울은 이를 성령을 좇아 행하라는 말씀으로 표현하였다. 성령을 좇아 행하는 것이 실제 삶 속에서 성령 하나님의 통치를 잘 받는 것이기 때문이다. 이때 우리 안에 하나님 나라가 이루어지며, 우리는 하나님 나라에서 저절로 안식을 누릴 수 있게 된다. 그리고 우리 안에 하나님 나라가 회복된 이 날을 기념하는 날이 바로 안식일이다.

이를 볼 때 토요일이나 주일을 안식일로 지키는 것이 절대적인 의미를 지니는 것이 아님을 알 수 있다. 정해진 특정한 날을 안식일로 지키는 것이 중요한 것이 아니라 진정으로 우리 안에 하나님 나라가 회복되어 안식을 누리고, 이것을 감사하며, 기념하는 것이 진정으로 안식일을 지키는 것이다.

민수기 9장에는 이스라엘 자손들이 출애굽한 후 다음 해 첫째 달에 처음으로 유월절을 지키는 모습이 기록되어 있다. 그런데 특별한 사정으로 말미암아 유월절을 지킬 수 없는 사람들이 있었다. 모세가 이 문제로 하나님께 아뢰었을 때 하나님은 다음 달 14일에 유월절을 지키도록 허락해 주셨다. 유월절은 애굽의 노예로 살던 이스라엘 자손들이 출애굽하여 하나님의 백성이 된 날을 기념하는 날로 이스라엘의 3대 명절 중 하나이다. 그러나 하나님은 이 유월절도 정해진 날짜보다 유월절의 진정한 의미를 더 중요하게 여기셨다.

복음서에도 이와 유사한 장면이 등장한다. 예수님이 안식일에 회당으로 들어가셨는데 한쪽 손 마른 사람을 보시고 그 사람을 고쳐주셨다. 사람들은 이 사건을 통해 예수님을 고발하려고 하였지만, 예수님은 안식일에 선을 행하는 것과 악을 행하는 것, 생명을 구하는 것과 죽이는 것, 어느 것이 옳으냐고 질문하시며, 의도적으로 안식일에 병을 고치심으로 안식일의 진정한 의미를 일깨워주고자 하셨다. 정해진 날짜를 안식일로 지키는 것이 중요한 것이 아니라 진정한 안식일의 의미를 알고 그 의미를 살리는 것이 진정으로 안식일을 지키는 것임을 명심해야 한다. 특정한 날을 무조건 안식일로 지키는 것이 중요한 것이 아니라 우리 안에 하나님의 나라가 회복되어 우리가 진정으로 안식을 누리는 것이 진정으로 안식일을 지키는 것임을 알아야 한다. 그러나 이러한 사실이 안식일을 소홀히 여겨도 된다는 의미는 결코 아니다. 이는 단지 불가피하게 안식일을 지킬 수 없는 경우에 어떻게 안식일을 지켜야 하는지에 대한 문제이며, 안식일을 지키는 우리의 자세에 대한 문제이다.

그러므로 우리는 안식일에 내 안에 하나님의 나라가 제대로 회복되어 있는가를 점검해 보아야 한다. 자신이 하나님을 왕으로 인정하고, 하나님의 통치를 제대로 잘 받고 있는지, 아니면 자기 자신이 왕이 되어서 자기 생각과 계획대로 행하며 육신의 소욕을 좇아 살고 있는지를 살펴보아야 한다. 그래서 내 안에 하나님의 나라가 회복되어 진정한 안식을 누리면서 살도록 해야 한다.

그런데 우리가 여기에서 한 가지 더 살펴보아야 할 점이 있다. 안식일에 대한 계명은 출애굽기에만 기록되어 있는 것이 아니라 신명기에도 똑같은 내용이 명시되어 있다. 신명기 5장에서 모세는 출애굽 2세대들에게 십계명을 다시 가르치고 있는데, 안식일에 대한 계명에서 출애굽기의 내용과 다른 점이 있다. 바로 안식일을 지켜야 하는 근거이다. “너는 기억하라 네가 애굽 땅에서 종이 되었더니 네 하나님 여호와가 강한 손과 편 팔로 거기서 너를 인도하여 내었나니 그러므로 네 하나님 여호와가 네게 명령하여 안식일을 지키라 하느니라”(신명기 5:15) 안식일을 지키는 이유가 출애굽기에서는 앞에서 살펴본 대로 하나님의 천지창조, 즉 하나님 나라를 만드신 것을 기념하는 의미였는데, 신명기에서는 출애굽 역사를 이루신 하나님을 기념하라는 의미로 바뀌었음을 알 수 있다.

왜 안식일을 지켜야 하는 근거가 천지창조에서 출애굽으로 바뀐 것일까? 이는 두 가지 사건이 각기 다른 사건이지만 동일한 의미를 지니는 사건임을 유추해 볼 수 있다. 앞에서 천지 창조는 곧 하나님 나라를 만드신 사건임을 이야기하였다. 그러면 출애굽 사건도 하나님 나라의 창조나 회복의 의미를 담고 있는 사건이어야 한다.

여기에서 출애굽 사건의 의미를 간단히 살펴보기로 하자. 출애굽 역사를 기점으로 이스라엘 민족에게는 큰 변화가 일어난다. 지금까지 이스라엘 자손들을 다스린 왕은 애굽의 바로였으며, 이스라엘 자손들은 바로의 종으로 살아왔다. 그러나 출애굽을 통해 이제 하나님이 이스라엘 자손들의 왕으로 등극하셨으며, 이스라엘 자손들은 이제는 바로의 종이 아니라 하나님의 백성이 되어, 하나님의 통치를 받게 되었다. 하나님은 이스라엘 자손들의 왕이요, 이스라엘 자손들은 하나님의 백성이 되어 하나님과 이스라엘 자손들과의 관계가 회복되었다. 그리고 이스라엘 자손들은 하나님의 인도하심을 받아 약속의 땅인 가나안을 향해 나아가게 되었다. 우리는 이를 통해 하나님 나라가 회복된 모습을 볼 수 있다. 주권과 백성, 땅이 회복되었으며, 그 주권은 하나님께 있다. 그러므로 출애굽은 곧 하나님 나라가 회복되는 사건이라고 볼 수 있다. 결국 앞에서 이야기한 대로 천지창조나 출애굽 사건은 모두 하나님 나라의 창조와 회복에 대한 사건으로 동일한 의미를 지니고 있음을 알 수 있다. 따라서 이 두 가지 사건은 모두 안식으로 귀결되므로 안식일을 지키는 근거가 될 수 있다.

개인적으로는 자신이 구원받은 날을 감사하고 기념하는 것이 안식일을 지키는 근거라고 할 수 있다. 내가 구원을 받았다는 것은 성령 하나님이 왕이요, 주권자로 내 안에 들어오셔서 나를 통치하신다는 것을 의미하며, 이를 통해서 내 안에 하나님의 나라가 회복되었다는 것을 의미한다. 이날을 기뻐하고 감사하며, 기념하기 위하여 하나님께 예배를 드리는 것이 안식일을 지키는 의미이다.

여기에서 우리가 어떤 자세로 안식일에 하나님께 예배를 드려야 하는지 생각해 보아야 한다. 기쁨과 감사가 충만하며, 하나님 나라에서만 누릴 수 있는 안식을 누리면서 예배를 드려야 한다. 이것이 안식일을 지키는 의미요, 하나님께서 천지 만물을 창조하신 목적이다.

이러한 하나님 나라의 모습은 에덴동산에도 그대로 나타나 있다. 아담이 범죄하고 에덴동산에서 쫓겨나기 전 에덴동산의 모습을 살펴보자. 에덴동산의 중앙에는 선악을 알게 하는 나무와 생명 나무가 자리하고 있었다. 선악은 우리 인간이 판단할 수 있는 요소가 아니다. 무엇이 선이고 무엇이 악인가? 하나님이 곧 선이다. 성경에서 이야기하는 선은 오직 하나님 한 분밖에 없다. 하나님 외에 다른 선한 것이 있을 수 없다. 그러므로 선이신 하나님으로부터 멀어지는 것이 곧 악이다. 하나님을 떠나는 것이 악이다. 보통 그리스 철학에서 선과 악이 있었다고 말하는 이원론은 성경에는 부합되지 않는 사상이다. 성선설과 성악설에 대해서 말하자면 원래 우리 인간은 하나님의 형상을 따라 지음 받은 선한 존재였다. 그러나 타락한 인간은 그 자체로 악한 존재이다. 이처럼 선과 악은 하나님만이 판단할 수 있는 영역이다.

생명 나무도 마찬가지의 의미이다. 생명은 하나님께 속한 것이다. 생명을 주신 분도 하나님이시요, 생명을 취하시는 분도 하나님이시다. 인간은 하나님이 주신 생명을 관리하고 누리는 존재이지, 생명의 주인이 아니다. 인간이 아무리 애를 써도 생명을 만들어 낼 수 없으며, 생명을 자기 마음대로 주관할 수 없다. 생명은 하나님의 고유한 주권에 속한 것이다.

동산 중앙에 있는 선악을 알게 하는 실과와 생명 나무는 그곳이 하나님의 영역이며, 하나님의 임재를 상징하는 공간임을 나타내고 있다. 인간은 선과 악을 판단할 수 없으며, 인간이 선과 악을 판단하는 순간 인간은 이미 하나님의 영역을 침범한 것이 된다. 다시 말하면 하나님의 주권에 대한 도전이 된다. 하나님을 왕의 자리에서 끌어내리고 자신이 그 자리를 차지하게 된다. 한 마디로 반역을 행하게 되는 것이다. 인간이 스스로 생명의 주인인 것처럼 행하면 이 역시 마찬가지이다. 이렇게 하나님의 영역을 침범하면 그 결과는 자연스럽게 죽음으로 찾아온다.

하나님은 에덴동산 중앙에 임재하시며, 그 주변에는 인간과 동물, 식물 등 하나님의 피조물들이 가득 채우고 있다. 이는 인간을 비롯한 모든 피조물이 하나님의 통치 아래 있음을 나타내 준다. 이것이 하나님과 인간, 다른 피조물들과 올바른 관계이며, 질서이다.

우리는 이와 같은 모습을 시내산에서도 볼 수 있다. 시내산에서 하나님은 시내산 꼭대기에 임재하시며, 이스라엘 자손들은 시내산 기슭에 자리 잡고 있다. 그리고 하나님과 이스라엘 자손들 사이에는 빽빽한 구름과 연기로 뒤덮여 있다. 산에 오르거나 그 경계를 침범한 자는 반드시 죽임을 당하게 된다. 왜냐하면 시내산은 하나님이 임재하신 하나님의 영역이기 때문이다. 죄악된 인간이 거룩한 하나님을 감히 쳐다볼 수 없다. 여호와 하나님은 이스라엘의 왕이시요, 이스라엘은 그의 소유요, 백성이다. 이것이 하나님과 이스라엘 자손들과의 관계이다.

이런 모습은 이스라엘 자손들이 광야에서 진군하는 모습 속에도 잘 나타나 있다. 200만 명 이상이나 되는 이스라엘 자손들이 광야에서 무질서하게 움직인 것이 아니라 일정한 대형을 갖춰서 움직였다. 진 가운데에는 하나님의 임재를 상징하는 성막이 있고, 성막 주위를 레위 지파가 둘러싸고 있다. 동쪽에는 모세와 아론이 서고, 서쪽에는 게르손, 북쪽에는 므라리, 남쪽에는 고핫지파가 성막을 둘러싸고 있다. 이는 백성들이 거룩한 하나님의 성막에 함부로 접근하여 죽임을 당하지 않도록 하기 위함이다. 이스라엘의 진 가운데에 위치한 성막은 하나님의 영역이기 때문이다. 이때 레위인들은 하나님과 백성들 사이에서 중보자 역할을 하고 있다. 또한 이스라엘 12지파는 각각 동서남북에 세 지파씩 나뉘어서 진을 편성하였다. 동쪽에는 유다와 잇사갈, 스불론지파, 서쪽에는 에브라임과 므낫세, 베냐민지파, 북쪽에는 단과 아셀, 납달리지파, 남쪽에는 르우벤과 시므온, 갓지파가 위치하였다.

이 성막은 이스라엘 자손들이 가나안땅에 정착한 후에는 성전으로 대체된다. 성전은 성소와 지성소로 나누어지는데, 그 사이에는 휘장으로 가로막혀 있었다. 지성소는 하나님이 임재하시는 곳으로 대제사장이 1년에 한 번씩 대속죄일에만 들어가는 것이 허락되었다. 그뿐만 아니라 대제사장이 지성소에 들어가기 전에는 반드시 규례에 따라 자신을 정결하게 해야만 했다. 부정한 상태로 들어갈 경우 대제사장도 죽임을 당할 수 있는 곳이 지성소이다. 지성소는 하나님이 임재하시는 하나님의 영역이기 때문에 대제사장이라 할지라도 하나님의 규례에 따르지 않고 부정한 상태로 하나님의 영역을 침범하면 그 대가는 바로 죽음이다.

앞에서 보는 것과 같이 하나님께서 에덴동산 중앙에 임재하신다는 사실은 인간은 하나님을 떠나서 독립적으로 살 수 있는 존재가 아니라 항상 하나님과의 관계 속에서 살아가야 하는 존재임을 보여준다. 따라서 아담은 에덴동산 중앙에 있는 선악을 알게 하는 나무와 생명 나무를 보면서 하나님을 기억하고, 하나님께 감사하며 하나님이 나의 왕이요, 주권자임을 되새겨야 했다. 우리는 인간의 죽음을 자연스러운 현상이 아니라 하나님의 영역을 침범하고 하나님께 반역한 결과로 받은 형벌임을 알고 죽음 앞에서 겸손히 하나님의 주권을 인정해야 한다. 하나님을 항상 우리 마음의 중심에 모셔야 한다. 이때 하나님 나라가 이루어지고 우리는 그 안에서 참된 안식을 얻게 된다.

하나님을 닮은 인간

이제 창조의 절정이라고 할 수 있는 인간 창조에 대해서 알아보자. 하나님은 다른 피조물들과 달리 인간을 만드실 때 특별한 계획을 두셨다. 바로 하나님이 인간을 하나님의 형상대로 지으셨다는 사실이다. 창세기 1장 26절에는 이렇게 기록하고 있다. "하나님이 이르시되 우리의 형상을 따라 우리의 모양대로 우리가 사람을 만들고"

그러면 하나님의 형상대로 만들어졌다는 것은 무엇을 의미하는가? 인간이 하나님의 형상대로 만들어졌다는 것은 한마디로 인간이 하나님을 닮았다는 의미이다. 보통 자녀들을 보면 그 부모를 많이 닮았다는 사실을 발견하게 된다. 자녀들을 키우다 보면 신기하게도 닮지 말았으면 하는 부분까지도 정확히 닮은 것을 보고 놀라게 되는 경우가 적지 않다. 이처럼 자녀가 부모를 닮는 것은 매우 자연스럽고 당연한 일이다.

부모가 자녀를 사랑하는 것은 거의 본능적이다. 왜 부모가 본능적으로 자녀를 사랑하는가? 이는 자녀들이 부모를 닮았기 때문이다. 부모는 자신을 닮은 자녀라는 한 가지 이유만으로 자녀를 사랑하고 자녀를 위해서 헌신하며 기꺼이 희생을 감수한다. 자녀에게 자신이 가진 모든 것을 다 주어도 아깝지 않은 것이 부모의 마음이다. 주어도 더 주고 싶고, 더 많이 주지 못하는 것을 오히려 안타까워한다. 그래서 보통 죽을 때도 자신의 모든 소유를 자녀에게 유산으로 물려주고 정작 자신은 빈 손으로 눈을 감는다.

인간이 하나님의 형상을 따라 만들어졌다는 것은 인간은 하나님을 닮은 하나님의 자녀라는 의미이다. 따라서 부모가 자신을 닮은 자녀를 사랑하듯이, 하나님이 자신을 닮은 인간을 사랑하는 것은 매우 자연스러운 일이다. 공의로우신 하나님은 죄를 범한 인간을 심판하지 않을 수 없지만, 그래도 용서하고 구원하고 싶은 것이 하나님의 마음이다. 그래서 하나님은 인간을 위해 독생자 예수님을 대신 십자가에서 피 흘리게 하시고, 우리에게 구원의 길을 열어주셨다. 이제 예수님의 피를 믿는 자마다 멸망치 않고 구원을 얻을 수 있게 되었다. 이것이 인간을 향한 하나님의 사랑이다. 하나님은 인간을 사랑하시되, 끝까지 아무 조건 없이 사랑하신다. 자녀가 부모의 사랑을 의심하지 않듯이 인간에 대한 하나님의 사랑은 의심의 대상이 될 수 없다. 왜냐하면 인간은 하나님을 닮은 하나님의 자녀이기 때문이다. 그래서 우리는 감히 하나님을 아버지라고 부르며, "하늘에 계신 우리 아버지여~"라고 기도한다.

인간이 하나님의 형상을 따라 만들어진 하나님의 자녀라는 사실은 인간의 가치를 평가하는 기초가 된다. 요즘 우리 사회에서도 인권 문제가 중요한 이슈로 부각되고 있다. "인간의 고귀함과 가치가 어디에서 비롯되는가?"라는 문제는 누구나 한 번쯤 생각해 보아야 할 중요한 주제이다. 왜 인간은 존재 자체만으로 차별을 받아서는 안 되며, 고귀한 가치를 지니고 있는가?

한 나라를 다스리는 왕의 자녀로 태어나면 왕의 자녀라는 사실만으로도 귀한 대접을 받는다. 한 나라를 다스리는 대통령의 자녀만 되어도 특별한 경호를 받으면서 생활한다. 그만큼 고귀하고 가치 있는 존재이기 때문이다. 이런 가치는 자신의 능력이나 외모, 조건에서 비롯된 것이 아니다. 성적이나 외모, 그 사람의 인격 등에 상관이 없다. 단지 왕이나 대통령을 닮은 왕의 자녀, 대통령의 자녀라는 사실에서 비롯된다.

하나님은 한 나라를 다스리는 왕이 아니라 우주 만물을 창조하시고 다스리시는 만왕의 왕이요, 만유의 주이다. 그리고 인간은 이러한 하나님의 형상대로 만들어진 하나님의 자녀이다. 따라서 인간은 자신의 능력이나 외모, 조건에 상관없이 하나님의 자녀라는 사실만으로도 너무나 고귀하고 가치 있는 존재이다. 인간이 존재 자체로서 가치를 지니는 것은 인간으로 태어났다는 사실 하나만으로 충분하다. 인간으로 태어나서 이 땅에 존재한다는 사실만으로도 인간은 어떤 차별도 받아서는 안 되며, 이 세상 그 무엇보다도 소중한 존재로 인정받아야 할 충분한 이유가 된다. 대통령의 자녀와 같이 하나님의 자녀인 인간은 특별한 경호를 받으면서 살만한 충분한 가치를 지니고 있다. 따라서 우리는 먼저 자신이 얼마나 고귀하고 특별한 존재인지를 알아야 한다. 자신이 처한 상황이나 인간적인 조건을 보고 자학하거나 열등감에 빠지는 것은 자신이 얼마나 소중한 존재인지 모르기 때문이다. 좀 더 깊이 생각해보면 자신이 하나님의 형상대로 만들어진 하나님의 자녀라는 사실을 모르고, 믿지 않기 때문이다. 그러므로 우리가 자신의 가치를 제대로 알기 위해서는 먼저 나 자신이 하나님의 형상대로 만들어진 하나님의 자녀라는 사실을 깨달아야 한다. 소위 말하는 '인권'이 바로 여기에서 시작된다. 자신의 소중함을 깨달아야 다른 사람의 소중함도 알게 된다. 그러므로 우리는 자신을 자학하거나 학대해서도 안 되며, 다른 사람을 무시하거나 함부로 대해서도 안 된다. 자신이 소중하듯이 남도 소중하며, 자신이 하나님의 자녀이듯이, 상대방도 하나님의 자녀이기 때문이다.

예수님은 "사람이 만일 온 천하를 얻고도 제 목숨을 잃으면 무엇이 유익하리요"(마태복음 16:26)라고 말씀하시며 한 생명의 중요성을 강조하셨다. 예수님께는 병든 자, 눈먼 자, 소외된 자, 억눌린 자 모두가 똑같이 소중한 자들이었다. 예수님께는 이들 모두가 천하보다 귀한 생명이었다. 왜냐하면 이들 모두가 하나님의 형상을 닮은 하나님의 자녀들이기 때문이다. 그래서 예수님은 병든 자들을 고쳐주시고, 눈먼 자들의 눈을 뜨게 해주시며, 소외된 자들의 친구가 되어 주시고, 억눌린 자들에게 자유를 주셨다. 하나님의 형상대로 만들어진 우리 모두는 천하보다 귀한 존재들임을 기억하고 소중히 여기도록 하자.

인간의 특권

하나님은 인간을 하나님의 형상대로 만드셨을 뿐만 아니라 인간에게 특별한 권한을 주셨다. 창세기 1장 28절에는 하나님이 인간에게 주신 권한이 기록되어 있다. "하나님이 그들에게 복을 주시며 하나님이 그들에게 이르시되 생육하고 번성하여 땅에 충만하라, 땅을 정복하라, 바다의 물고기와 하늘의 새와 땅에 움직이는 모든 생물을 다스리라 하시니라" 일반적으로 학자들은 이 말씀을 문화 명령 혹은 통치 명령이라고 부르기도 한다.

여기에서 한 가지 주목해야 할 점은 하나님이 인간에게 만물을 다스리는 권한을 주셨다는 점이다. 하나님은 만물을 만드신 창조주이며, 인간은 하나님이 만드신 만물을 다스리는 통치자요, 관리자이다. 왜냐하면 하나님이 만물에 대한 통치권을 인간에게 위임하셨기 때문이다. 하나님이 이렇게 하신 것은 인간이 하나님의 자녀이기 때문이다. 여기에서 우리는 우주 만물 가운데서 인간이 차지하는 위치를 분명히 알 수 있다. 인간은 하나님이 만드신 피조물인 동시에, 하나님을 대신하여 만물을 다스리는 하나님의 대리 통치자이다. 이로부터 하나님 – 인간 – 만물이라는 질서가 이루어지게 된다. 이 사실을 통하여 우리는 인간이 얼마나 귀하고 소중한 존재인지 다시 한번 확인할 수 있다.

인간이 하나님의 대리 통치자라는 사실이 무엇을 의미하는지 좀 더 깊이 생각해 보기로 하자. 먼저 인간이 만물의 통치자라는 사실은 이 세상에 있는 만물을 형상화하여 만든 모든 우상을 배격한다. 옛날부터 인간은 태양이나 달, 별을 우상화하여 신으로 섬기곤 하였다. 우리가 잘 아는 것처럼 이집트에서는 주로 태양을 최고의 신으로 섬겼고, 파라오를 태양신의 아들로 여겼다. 한 마디로 이집트는 태양신의 나라였다. 반면에 메소포타미아 지역에서는 태양보다 달을 숭배하는 신앙이 더 발달하였다. 태양이나 달뿐만 아니라 호랑이나 곰과 같은 동물을 숭배하기도 하고, 심지어 우리나라의 민간신앙을 보면 고목에 새끼줄을 쳐놓고 향이나 촛불을 켜두고 절을 하며 소원을 빌었던 모습도 찾아볼 수 있다. 그러나 하나님이 인간에게 만물을 다스리는 권세를 주셨다는 사실은 지금까지 인간이 행한 모든 우상숭배를 부정한다. 만물은 인간이 우상화하여 섬길만한 대상이 아니라 하나님의 통치권을 위임받아 다스려야 할 대상이다. 다시 말하면 만물은 섬김의 대상이 아니라 다스려야 할 대상이다.

다음으로 인간이 하나님의 대리 통치자라는 사실은 인간이 자기 마음대로 만물을 다스리는 것이 아니라 통치권을 위임하신 하나님의 뜻에 따라 만물을 통치해야 한다는 점을 보여 준다. 인간은 만물의 주인이 아니다. 만물의 주인은 하나님이시다. 하나님을 대신하여 하나님의 뜻에 따라 만물을 다스리는 것이 인간에게 주어진 사명이다. 인간은 만물을 다스리라는 명령에 순종하여 만물을 다스리며 소위 '문화'라는 것을 만들어나가게 된다. 그런데 타락한 인간은 통치권을 위임하신 하나님의 뜻을 저버리고 자신이 원하는 대로, 자기 뜻대로 통치권을 남용하며 자신의 문화를 만들어나갔다. 이는 하나님과 인간, 만물 사이의 관계를 파괴했으며, 하나님의 진노를 유발하게 되었다. 이후 하나님이 세우신 질서가 무너지게 되었다. 인간이 하나님을 거역하자 만물도 인간의 다스림을 거부하게 되었다. 이런 상황을 창세기 3장에서는 "땅이 네게 가시덤불과 엉겅퀴를 낼 것이라"고 표현하고 있다. 또한 로마서 8장에서 바울은 인간의 타락으로 말미암아 피조물도 허무한 데 굴복하게 되었으며, 모든 피조물이 탄식과 고통 중에 인간의 회복을 고대하고 있다고 이야기하고 있다.

인간이 하나님의 통치를 거부하자 타락에 이르게 되었고, 이로 말미암아 인간은 하나님의 형상을 상실하였을 뿐만 아니라 하나님이 위임해주신 만물에 대한 통치권도 잃어버리게 되었다. 그러나 하나님은 인간이 잃어버린 하나님의 형상과 만물에 대한 통치권이 회복되길 원하신다. 하나님은 다시 우리의 왕이 되셔서 우리를 통치하기 원하신다. 이것이 바로 우리가 이야기하는 하나님 나라의 회복이요, 구원이다. 우리가 이야기하는 구원은 곧 잃어버린 하나님의 형상을 회복하고, 잃어버린 만물의 통치자로서의 인간의 지위가 회복되는 것을 의미한다.

지금까지 살펴본 것처럼 인간은 하나님의 형상을 따라 만들어진 하나님의 자녀요, 하나님의 자녀로서 만물에 대한 통치권을 위임받은 만물의 통치자이다. 이것이 인간의 본래 모습이다. 여기에서 우리는 인간이 어떤 존재인지 알 수 있다. 인간이 왜 소중하고 귀하며, 우리가 왜 인권을 이야기해야 하는지 그 이유를 분명히 알 수 있다. 그러나 불행하게도 지금 인간의 모습 속에는 거룩한 하나님의 형상도 만물의 통치권자인 인간의 권위도 찾아보기 힘들다. 창세기 3장에서는 그 이유가 무엇인지 우리에게 설명해 주고 있다.

하나님 나라의 상실

창세기 3장은 지금까지의 분위기와는 완전히 다르게 전개되고 있다. 여기에는 인간이 하나님 나라를 상실하는 모습이 담겨 있다. 왜 인간이 하나님 나라를 상실하게 되었는가? "너희가 그것을 먹는 날에는 너희 눈이 밝아져 하나님과 같이 되어 선악을 알 줄 하나님이 아심이니라"(창세기 3:5) 창세기 저자는 그 이유를 아담과 하와가 하나님과 같이 되고자 하였기 때문이라고 분명히 이야기하고 있다. 아담과 하와가 하나님과 같이 된다는 것은 하나님께서 창조하신 창조 질서를 깨뜨리는 것은 물론이고 하나님의 왕권에 대한 도전이다. 지금까지 하나님은 우주 만물을 창조하시고 만유의 주요 만왕의 왕으로서 피조물들을 통치하셨다. 그런데 아담이 하나님과 같이 되고자 한 것은 하나님의 통치를 거부하고, 자신이 스스로 왕이 되고자 한 것이며, 하나님을 창조주요, 왕으로 인정하지 않았음을 의미한다. 아담은 다른 모든 피조물과 달리 하나님의 형상대로 만들어진 하나님의 자녀요, 하나님의 자녀로서 다른 피조물들에 대한 통치권을 위임받은 대리 통치자였다. 그러므로 아담이 하나님을 인정하지 않는 것은 아들이 아버지를 인정하지 않는 것이나 마찬가지이고, 왕이신 하나님께 대하여 쿠데타를 일으킨 것이며 하나님에 대한 반역이다.

반역은 죄 중에서도 절대 용서받을 수 없는 가장 심각한 죄이다. 조선 시대에는 반역죄인 경우 삼족을 멸하고 주모자를 능지처참에 처하기도 했다고 한다. 여기에서 삼족은 본가, 처가, 외가를 의미하므로 반역죄와 관련 있는 자들은 모조리 처단하여 그 씨를 없애 버렸음을 짐작해 볼 수 있다. 그만큼 반역은 심각하고 중대한 죄이다.

때로 아담이 선악과를 따먹은 것이 왜 그렇게 심각한 죄이냐며 불평하는 사람들을 볼 수 있다. 그리고 하나님을 너무 잔인한 분으로 몰아붙이기도 한다. 그런데 아담의 죄는 단순히 하나님이 금하신 선악과를 따먹고 불순종한 것이 아니라 하나님의 주권에 대한 도전이요, 반역이다. 왜냐하면 선악과를 따먹은 아담의 마음속에는 이미 자신이 하나님과 같이 되고자 하는 욕심이 자리하고 있었기 때문이다. 그리고 사탄은 이런 아담의 약점을 교묘하게 파고들어 아담이 하나님을 대적하도록 부추겼다.

문제는 아담과 하와가 하나님을 왕으로 인정하지 않으면, 이들은 이제 하나님의 백성이 아니라는 점이다. 이는 곧 하나님과 인간 사이에 맺어졌던 왕과 백성의 관계가 파괴된 것을 의미하며, 더 나아가 인간이 하나님 나라를 상실하였음을 의미한다. 아담과 하와가 뱀의 유혹을 받아 하나님과 같이 되고자 하는 마음을 품게 되고, 선악과를 따먹자마자 이들은 하나님 나라를 상실하게 되었다. 하나님이 아담과 하와에게 이들의 죄에 대하여 저주를 하기 전에도 이미 이들의 마음에는 하나님 나라를 상실한 모습이 분명히 나타나고 있다.

아담과 하와가 선악과를 먹자마자 이들은 자기들이 벗은 줄을 알게 되었으며, 무화과나무 잎으로 치마를 만들어 입게 되었다. 지금까지 이들은 벌거벗고 있었으나 그것으로 인해 수치심을 느끼지 않았다. 그러나 선악과를 먹은 후에는 가장 먼저 수치심을 느끼게 되었다. 그뿐만 아니라 여호와 하나님을 두려워하여 여호와의 낯을 피하고 나무 사이에 숨게 되었다. 아담과 하와의 마음에 생긴 수치심과 두려움은 하나님 나라와는 너무나 거리가 먼 모습이다. 앞서 살펴본 것처럼 하나님 나라의 모습을 우리는 한 마디로 안식이라고 표현하였다. 수치심과 두려움 속에서는 안식을 누릴 수 없다. 아담과 하와가 선악과를 먹자마자, 하나님의 저주를 받기 전에도 이들은 이미 하나님 나라를 상실하게 되었으며, 그 결과 이들은 안식을 잃어버리고 수치심과 두려움에 사로잡히게 되었다.

이는 선악과를 따먹은 아담과 하와의 모습일 뿐만 아니라 하나님을 왕으로 인정하지 않고 스스로 왕 노릇을 하는 모든 인간의 모습이기도 하다. 우리가 하나님을 왕으로 인정하지 않고 스스로 왕이 되어 자신이 원하는 대로, 자기 뜻과 계획대로 살면 우리 마음에는 하나님께 대한 두려움이 생기게 된다. 하나님께 나아가는 것을 부담스러워하며 하나님을 멀리하게 된다. 자연스럽게 우리의 마음 가운데서 안식을 잃어버리게 된다. 그러나 우리가 하나님을 왕으로 인정하고 하나님의 말씀에 순종하여 살 때, 우리는 비록 죄와 허물투성이지만 부끄러워하지 않고 하나님을 두려워하지도 않으며, 있는 모습 그대로 담대하게 하나님 앞에 나아갈 수 있게 된다. 하나님 앞에 나아가 우리의 죄를 고백하고 용서를 구하게 된다. 그리고 우리는 안식을 얻게 된다. 이는 우리 안에 하나님 나라가 이루어지기 때문이다.

우리는 변화된 아담과 하와의 내면을 보면서 한 가지 의문을 가지게 된다. 아담과 하와가 아직 에덴동산에 있는데도 왜 수치심과 두려움이 생긴 것일까? 아담과 하와가 에덴동산에 있으면서도 수치심과 두려움에 사로잡혀있다는 사실에 주목할 필요가 있다. 선악과를 먹었다는 사실 외에 이들이 거하고 있는 에덴동산이라는 환경은 전혀 변하지 않았다. 에덴동산은 여전히 완벽한 환경을 자랑하고 있었다. 여전히 에덴동산에서 네 강이 흘러가고 있었으며, 그 강들 주위에는 온갖 보석들이 아름답게 빛나고 있었다. 선악과를 먹은 후에도 아담과 하와는 에덴동산이라는 완벽한 환경 가운데 살고 있었지만, 이들의 마음에는 안식이 사라져 버렸고, 수치심과 두려움으로 가득 차 있었다. 변화된 것은 에덴이라는 환경이 아니라 하나님과의 관계였기 때문이다. 여기에서 우리는 참된 안식이 어디에서 오는가를 분명히 알 수 있다.

많은 사람이 안식을 얻기 위해 환경을 바꾸고자 한다. 사람들은 안식을 얻기 위해 좀 더 좋은 집에서 살고, 좀 더 좋은 차를 타고 다니고, 좀 더 좋은 직장을 얻고자 한다. 사람들의 인정을 받고 명예를 얻고 권세를 잡고자 한다. 그래서 환경을 좀 더 좋게 바꾸고자 한다. 그러나 아무리 환경을 더 좋게 만들어도 안식을 얻을 수 없다는 사실을 우리는 알아야 한다. 인간의 노력으로 아무리 환경을 좋게 만든다고 할지라도 에덴동산보다 더 좋은 환경을 만들 수 있을까? 인간의 어떤 노력으로도 에덴과 같은 환경을 만들 수는 없을 것이다. 참된 안식은 완벽한 환경에서 오는 것이 아니라 하나님과 올바른 관계, 곧 하나님 나라에서만 온다는 사실을 분명히 알아야 한다. 그리고 우리가 하나님을 왕으로 인정하고 섬기며, 우리가 하나님의 백성이 되어 그분의 통치를 받으면 우리 안에 하나님의 나라가 이루어지고 우리는 자연스럽게 하나님 나라에서 안식을 얻게 된다.

아담과 하와의 변화된 모습은 여기에서 그치지 않는다. 하나님이 아담에게 "내가 네게 먹지 말라 명한 그 나무 열매를 네가 먹었느냐?"고 질문하자 아담은 "하나님이 주셔서 나와 함께 있게 하신 여자 그가 그 나무 열매를 내게 주므로 내가 먹었나이다"라고 대답한다. 아담의 대답 속에서 우리는 두 가지 사실을 발견할 수 있다. 먼저 아담은 자신이 선악과를 먹은 것에 대하여 그 잘못의 원인을 하와에게 돌리고 있다. 선악과를 먹기 전에 아담은 하와를 "내 뼈 중의 뼈요 살 중의 살이라"고 고백하였다. 그들은 벌거벗었으나 서로 부끄러워하지 않았다. 이처럼 그들은 서로 사랑하였으며, 하나로 연합되어 있었다. 그러나 선악과를 먹은 후 이와 같은 아담과 하와의 관계가 깨어졌으며, 아담은 오히려 자신의 잘못을 하와의 탓으로 돌리고 있다. 하나님과의 관계가 파괴되자 부부의 관계도 깨어지게 된 것을 볼 수 있다.

다음으로 아담의 대답 속에서 우리는 한 가지 사실을 더 주목해야 한다. 아담은 하와를 '하나님이 주셔서 자신과 함께하게 된 여자'라고 표현하고 있다. 아담의 이 표현 속에는 자신의 잘못은 하와 탓이며, 하와를 주신 분은 하나님이므로 결국 자신의 잘못을 하나님 탓으로 돌리고자 하는 의미가 내포되어 있다. 이런 모습은 하와에게도 그대로 나타난다. 하나님이 하와에게 "네가 어찌하여 이렇게 하였느냐?"고 묻자 하와는 "뱀이 나를 꾀므로 내가 먹었나이다"라고 대답한다. 하와 역시 자신의 잘못을 인정하기보다 잘못의 원인을 뱀 탓으로 돌리고 있다. 아담은 하와에게, 하와는 뱀에게, 그리고 결국은 하와를 주시고, 뱀을 만드신 하나님을 탓하고 있다. 이것이 선악과를 먹고 하나님 나라를 상실하고 타락한 인간의 모습이다.

하나님의 저주와 사랑

그러나 타락한 인간의 모습은 여기에서 끝나지 않는다. 이제 죄에 대한 하나님의 심판이 이어진다. 하나님은 여자에게 임신하는 고통을 크게 더하셔서 수고하고 자식을 낳도록 하신다. 그뿐만 아니라 여자의 마음에 갈망이 있지만 결국에는 그 갈망에 대하여 남편의 통제를 받게 된다. 여자는 남자의 사랑을 갈망하지만, 남자의 다스림을 받아야만 한다. 이것이 여자에게 임한 하나님의 저주이다. 여자에게 새 생명을 잉태하고 낳는 것은 가장 큰 축복이요, 기쁨이다. 그런데 이제 여자가 이 기쁨을 누리기 위해서는 죽음과 방불한 해산의 고통을 겪어야만 한다. 실제로 의술이 발달하지 않았을 때는 여자들이 아기를 낳다가 죽는 것을 어렵지 않게 볼 수 있었다.

하나님은 여자뿐만 아니라 아담에게도 저주를 내리셨다. 아담의 죄로 말미암아 땅도 저주를 받게 되어 가시덤불과 엉겅퀴를 내게 되었으며, 아담은 먹고살기 위해 평생 얼굴에 땀을 흘리며 수고하다가 결국에는 흙으로 돌아갈 수밖에 없는 운명에 처하게 되었다. 그래서 보통 남자들은 여자들이 이해할 수 없는 가족 부양에 대한 책임감을 느끼게 된다. 가족 부양에 대한 남자들의 책임감은 아무리 벗어나려고 해도 벗어날 수 없는 굴레이다. 이는 가족 부양을 잘하든 못하든 그런 사실에 상관없이 남자들을 짓누르고 있는 무거운 짐이다. 때로는 가족 부양에 대한 책임을 던져버리고 무책임한 모습을 보이는 남자들도 있다. 그러나 이는 그 책임감이 너무 무거워서 스스로 도저히 감당할 수 없다고 생각하여 자포자기한 것이지, 결코 그 책임에서 벗어나서 자유로워진 것이 아니다. 결국 남자는 너무 힘들어서 가족 부양에 대한 책임을 벗어던지더라도 그로 인한 마음의 고통까지 벗어던질 수는 없다. 왜냐하면 이는 타락한 남자들에게 주신 하나님의 저주이기 때문이다. 남자는 가족 부양에 대한 책임을 다하기 위해 평생 땀을 흘리며 고생하다가 결국에는 한 줌의 흙으로 돌아갈 수밖에 없는 허무한 존재로 전락하고 말았다. 그래서 남자는 땀을 흘리며 일을 하여 가족을 부양해야 행복을 느낄 수 있다. 여자는 남자의 이런 모습을 이해해줄 필요가 있다.

하나님은 하와와 아담을 저주할 뿐만 아니라 뱀에게도 저주를 내린다. 뱀은 하나님의 저주를 받아 배로 다니고 살아 있는 동안 흙을 먹어야 한다. 그뿐만 아니라 뱀은 여자와 원수가 되어야 한다. "내가 너로 여자와 원수가 되게 하고 네 후손도 여자의 후손과 원수가 되게 하리니 여자의 후손은 네 머리를 상하게 할 것이요 너는 그의 발꿈치를 상하게 할 것이니라 하시고"(창세기 3:15)

뱀이 받은 저주 가운데 나타난 이 말씀은 단순히 뱀에 대한 저주 그 이상의 중요한 의미를 내포하고 있다. 이 말씀은 뱀에 대한 저주요, 심판이면서 동시에 죄를 범한 인간에게 주시는 구원의 약속이요, 하나님 나라 회복에 대한 약속이다. 이 말씀에서 여자의 후손은 단수로서 여자의 후손 한 사람을 가리키고 있다. 하나님은 이 한 사람, 여자의 후손을 통해서 뱀의 머리를 박살 낼 계획을 갖고 계신다. 그런데 여자의 후손은 이 일로 말미암아 발꿈치를 상하게 된다. 아담과 하와에게 이 여자의 후손에 대한 약속은 단순히 하나님께서 자녀를 주실 것에 대한 약속으로 다가왔을지 모르지만, 여기에는 타락한 인류를 구원하고자 하시는 하나님의 원대한 계획이 담겨있다.

여기에서 여자의 후손은 비록 희미하게 나타나 있지만, 메시아 곧 예수 그리스도에 대한 약속이다. 창세기 3장에 기록된 여자의 후손에 대한 약속은 아브라함에게 이르러 "네 씨가 그 대적의 문을 얻으리라, 또 네 씨로 말미암아 천하 만민이 복을 얻으리니"(창세기 22:17~18)라는 말씀으로 구체화하고, 다윗 언약으로 훨씬 더 구체화한다. 그리고 이 약속은 예수 그리스도의 성육신을 통해 완전히 성취된다. 예수님은 인류의 죄를 대신 담당하기 위해서 여자 곧 마리아의 후손으로 이 땅에 오신다. 그리고 십자가를 지심으로 그 발꿈치를 상하시지만, 돌아가셨다가 사흘 만에 부활하심으로 사망 권세를 멸하시고 사탄의 머리를 완전히 상하게 하신다.

반역으로 인해 아담과 하와는 하나님 나라를 상실하였지만, 하나님은 인간이 잃어버린 하나님 나라를 여자의 후손을 통해 다시 회복시켜 주고자 하신다. 여기에서 우리는 인간을 향한 하나님의 마음을 엿볼 수 있다. 왕을 왕으로 인정하지 않고, 아버지를 아버지로 인정하지 않는 패역한 인간들을 위하여 독생자 예수님을 이 땅에 보내시고, 잃어버린 하나님 나라를 회복시키시고, 그 안에서 안식을 얻도록 하는 것이 인간을 향한 하나님의 마음이요, 계획이다. 우리는 이 하나님의 마음을 '사랑'이라는 말로밖에 달리 표현할 길이 없다.

하나님은 무화과나무 잎으로 만든 치마를 벗기시고, 동물의 피를 흘려 죗값을 치르게 하신 후 그 가죽으로 옷을 지어서 아담과 하와를 입히셨다. 가죽옷을 지어 입히셨다는 것은 아담과 하와를 용서하여 주시고 다시 받아주셨다는 것을 의미한다. 어떻게 보면 이것을 최초의 제사라고 볼 수도 있다. 이것이 죄인에게 베푸시는 하나님의 은혜요, 죄인을 향한 하나님의 사랑이다.

여기에는 간단하지만, 희생을 통한 죄 사함의 원리가 잘 담겨있다. 어떤 죄든지 죄는 대가를 요구하는데 그 대가는 바로 피 흘림을 통한 죽음이다. 그래서 죄를 용서받기 위해서는 피 흘림의 희생이 필요하다. 이것이 구약 제사 제도의 핵심이다. 구약 시대에는 죄를 범한 자가 용서를 받기 위해서는 양이나 염소, 송아지 등 동물의 피 흘림이 요구되었다. 그래서 사람들은 죄를 지을 때마다 동물이 흘린 희생의 피를 통하여 죄 사함을 받아야 했다.

그런데 예수님은 십자가에서 인류의 모든 죄를 대속하여 피를 흘리시고 돌아가심으로 친히 희생 재물이 되셨다. 동물의 피는 일회적인 효과밖에 없지만, 예수님은 한 번의 피 흘림을 통하여 영원한 속죄를 이루셨다. 그러므로 더 이상의 피 흘림의 제사가 필요 없게 되었다. 이제 이 사실을 믿는 자는 누구든지 죄 사함을 받고 하나님 나라에 들어갈 수 있게 되었다. 이것이 바로 복음이다.

하나님은 죄에 대해서는 분명히 심판하시지만, 심판이 목적이 아니라 은혜를 베푸시고 회복과 구원을 이루고자 하신다. 그래서 하나님은 다시 하나님 나라 회복의 역사를 시작하신다.

인류의 초기 역사

아담과 하와가 동침하여 가인과 아벨을 낳음으로 인류는 새로운 역사를 시작하게 된다. 창세기 1~3장까지를 포함하기도 하지만, 창세기 4장부터 11장까지를 일반적으로 인류의 초기 역사라고 일컫는다. 이 내용은 크게 세 가지 이야기로 구성되어 있는데 바로 가인과 아벨 이야기, 홍수 심판을 포함한 가인과 셋의 후손들에 대한 이야기, 그리고 바벨탑 사건으로 대변되는 노아 후손들의 이야기로 나눌 수 있다.

그런데 이 세 가지 사건 모두 아담의 타락 사건과 동일한 구조로 이야기가 전개되고 있다. 아담과 하와가 하나님께서 금지하신 선악과를 따먹음으로 죄를 범하고 타락하자 하나님은 이들을 심판(저주)하신다. 그러나 심판으로 모든 것이 끝나지 않고 하나님께서 아담과 하와에게 가죽옷을 지어 입히심으로 이들에게 은혜를 베풀어 주신다. 여기에서 우리는 죄와 타락, 심판과 저주, 은혜와 구원이라는 삼중 구조로 이야기가 전개되는 것을 볼 수 있다. 이러한 구조는 가인과 아벨 이야기, 가인과 셋의 후손들에 대한 이야기, 노아의 후손들에 대한 이야기에도 그대로 반복되어 나타난다.

가인과 아벨 이야기에서 가인은 하나님이 아벨과 그가 드린 제사는 받으시고, 자신과 자신이 드린 제사는 받지 않으시자 몹시 분하고 안색이 변하였다. 그는 자신의 제사를 받지 않은 하나님께 불평하고, 동생 아벨을 시기하였다. 결국 아벨이 들에 있는 것을 보고 동생을 죽이게 된다. 이것이 인류 최초의 살인 사건이다. 가인은 동생 아벨을 죽임으로 죄를 범하게 되고, 이 죄로 인하여 하나님의 심판을 받게 되었다. 가인은 땅에서 저주를 받아 밭을 갈아도 땅이 그 효력을 내어주지 않게 되었고, 땅에서 피하며 유리하는 자가 되었다. 가인은 무거운 죄의 짐에 눌려 신음하고, 만나는 사람들이 자신을 죽일까 봐 두려움에 사로잡히게 되었다. 그러자 하나님은 가인의 호소를 받으시고 은혜를 베풀어 주셨다. 가인에게 표를 주어 보호해 주시고, 아벨 대신에 셋을 약속의 자녀로 허락하여 주셨다. 여기에도 죄 – 심판 – 은혜라는 삼중 구조가 그대로 나타난다.

가인과 셋 후손들의 이야기도 마찬가지의 구조로 전개된다. 가인과 셋이 자녀들을 낳아 그 후손들이 땅 위에 번성하게 되었다. 그런데 하나님은 이들의 타락한 모습을 다음과 같이 한 구절로 정의하신다. "여호와께서 사람의 죄악이 세상에 가득함과 그의 마음으로 생각하는 모든 계획이 항상 악할 뿐임을 보시고"(창세기 6:5) 당시 사람들은 육신이 되었기 때문에 하나님이 이들과 함께하실 수가 없었으며, 하나님은 땅

위에 사람 지으셨음을 한탄하시고 근심하셨다. 하나님은 육신이 된 사람들을 홍수로 심판하고자 계획하셨다. 사람뿐만 아니라 가축과 기는 것과 공중의 새까지 모조리 진멸하고자 하셨다. 그리고 실제로 사십일 동안 땅에 비를 내려 하나님께서 지으신 모든 생물을 지면에서 쓸어버리셨다. 이것이 바로 노아 시대의 홍수 심판이다.

그러나 이러한 심판 가운데서 하나님은 노아와 그 가족들에게 은혜를 베푸셨다. 하나님은 노아에게 홍수를 대비하여 방주를 짓도록 하셨다. 또한 홍수가 임박해지자 노아와 그 가족들 8명 모두와 들짐승, 가축, 땅에 기는 것과 새를 그 종류대로 둘씩 방주에 타게 하시고, 홍수에서 이들을 구원하여 주셨다. 그뿐만 아니라 하나님은 노아에게 다시는 물로 심판하지 않겠다고 약속하시고 그 증거로 무지개를 보여 주셨다. 여기에도 가인과 셋 후손들의 타락과 홍수 심판, 노아와 그 가족에게 임한 하나님의 은혜라는 삼중 구조가 분명히 드러난다.

이어서 등장하는 노아 후손들에 대한 이야기에도 동일한 구조가 등장한다. 홍수 이후 노아의 세 아들인 셈과 함, 야벳의 후손들이 땅에 번성하게 되었다. 이때까지는 온 땅의 언어가 하나였다. 이들이 동방으로 옮겨가다가 시날 평지에 이르러 도시를 건설하고 탑을 쌓고자 하였다. 이들은 탑을 높이 쌓아 하늘에까지 닿게 하여 자신들의 이름을 내고자 하였다. 이 시대 사람들도 아담과 마찬가지로 하나님과 같이 높아지고자 하는 생각을 갖고 있었다. 이것이 바로 죄다. 죄는 다른 말로 표현하면 인간이 하나님과 같이 되고자 하는 것이다. 하나님을 왕으로 인정하지 않고 스스로 왕이 되고자 하는 것이다.

현대인들도 마찬가지이다. 스스로를 높여서 자신이 왕 노릇을 하고자 한다. 하나님보다 물질을 왕으로 섬기고, 과학기술을 왕으로 섬긴다. 하나님의 음성을 듣기보다 자기 생각과 계획대로 살기 원한다. 육신의 소욕대로 살고자 한다. 그리고 이것을 인권과 자유라는 말로 아름답게 포장한다. 결국 현대인들도 아담이나 바벨탑 사건 때의 사람들과 마찬가지로 스스로 하나님과 같이 되고자 하는 죄에 빠진 것이다.

하나님께서는 탑을 높이 쌓아 자신들의 이름을 내고자 하는 이들을 심판하셨다. 언어를 혼잡하게 하여 서로 알아듣지 못하게 하시고, 이들을 온 지면에 흩어지게 하셨다. 이것이 바로 바벨탑 사건이다. 그러나 이 이야기는 바벨탑 사건으로 끝나지 않는다. 바벨탑 사건을 통하여 하나님은 인간을 심판하셨지만, 또다시 아브라함에게 은혜를 베푸사 그를 갈대아 우르에서 불러내시고, 아브라함과 언약을 체결하시며 새롭게 하나님 나라 회복의 역사를 시작하셨다.

인류의 초기 역사에 공통으로 등장하는 죄와 타락 – 심판과 저주 – 은혜와 구원이라는 삼중적 구조는 단지 이 부분에만 등장하는 것이 아니라 앞으로 전개되는 모든 성경 내용의 핵심적인 구조가 된다. 사람들이 죄를 범하고 타락하게 되면 공의로우신 하나님은 사람들의 죄를 간과하실 수 없으시다. 그래서 죄에 대해서는 반드시 심판하신다. 그러나 단순히 죄에 대해서 심판하시는 것이 하나님의 궁극적인 목적이 아니다. 하나님이 심판하시는 목적은 사람들을 다시 하나님께로 돌이키기 위함이다. 다시 말하면 하나님은 사람들에게 은혜를 베푸셔서 구원하기 원하신다. 죄로 인해 잃어버린 하나님 나라를 회복하기를 원하신다. 이러한 구조가 성경 전반에 걸쳐 지속해서 반복되고 있다. 따라서 우리가 성경을 읽을 때 이 구조를 파악하면서 읽으면, 내용을 훨씬 더 쉽고 명확하게 이해할 수 있을 것이다.

새롭게 시작되는 하나님 나라 회복의 역사

하나님은 바벨탑 사건으로 실패한 것처럼 보이는 회복의 역사를 아브라함 한 사람을 부르시고 다시 시작하신다. 하나님께서 고향인 갈대아 우르에 살고 있던 아브라함에게 나타나 고향과 친척과 아버지의 집을 떠나 하나님께서 보여주시는 땅으로 가라고 명령하셨다.

갈대아 우르는 지금의 이라크 수도인 바그다드에서 남쪽으로 약 350km 정도 떨어진 곳에 있는 도시로, 아브라함이 살던 당시 고대 근동에서 가장 문명이 발달한 도시 중 하나였다. 최근에 갈대아 우르에 대한 고고학적 발굴이 이루어졌는데, 최근 발굴된 유적지는 우르남무에 의해 창건된 우르 제 3왕조의 수도의 모습이다. 발굴된 유적을 보면 아브라함이 살던 시대 우르는 지구라트를 중심으로 왕궁과 귀족들의 저택이 있었고, 벽돌로 쌓아 올린 성벽으로 둘러싸여 있었다. 항구가 발달하였으며, 이층집과 상하수도가 건설될 정도로 도시가 잘 정비되어 있었다.

아브라함은 이처럼 안정되고 문명이 발달했던 갈대아 우르를 떠나 하나님이 지시하시는 가나안 땅을 향하여 떠났다. 당시는 부족끼리 모여 살던 시대였으므로, 부족 공동체를 떠난다는 것은 신변의 안전을 보장받을 수 없는 매우 위험한 일이었다. 그럼에도 불구하고 아브라함은 하나님의 말씀에 순종하여 고향과 친척과 아버지 집을 떠났다. 아브라함이 이렇게 떠날 수 있었던 것은 하나님의 약속의 말씀 때문이었다.

이제 하나님께서 아브라함에게 주신 약속의 내용에 대해서 구체적으로 살펴보기로 하자. 하나님은 아브라함에게 크게 세 가지의 약속을 주셨다. 첫째로 하나님은 아브라함을 부르시고 큰 민족을 이루어주겠다는 약속을 주신다. 창세기 15장 5절에서는 "그를 이끌고 밖으로 나가 이르시되 하늘을 우러러 뭇별을 셀 수 있나 보라 또 그에게 이르시되 네 자손이 이와 같으리라"고 말씀하시며, 큰 민족을 이루시겠다는 약속을 재확인하여 주신다. 그리고 창세기 22장 17절에서는 아브라함의 씨를 하늘의 별과 같이, 바닷가의 모래와 같이 크게 번성하게 하겠다고 약속하신다.

아브라함은 75세가 되었지만 자식이 없었다. 이런 아브라함에게 큰 민족을 이루어주겠다는 약속은 허황된 꿈처럼 들렸을 수도 있다. 아니면 그저 자식을 주겠다는 약속 정도로 들렸을 수도 있다. 그러나 이 약속은 아브라함에게 자식을 주겠다는 약속 그 이상이다. 이 약속은 아브라함을 통해 하나님의 백성을 이루시겠다는 약속이다. 하나님은 아브라함이 늙고 아내인 사라의 경수가 끊어져 불가능한 가운데서 아들 이삭을 주셨다. 그리고 출애굽기를 보면 하나님이 아브라함에게 약속한 대로, 이스라엘은 군사로 전쟁을 할 수 있는 사람들만 60만 명이 넘었으며, 전체적으로는 수백만 명에 이르는 큰 민족이 이루어졌음을 볼 수 있다. 실제로 하나님은 아브라함을 통해 큰 민족을 이루셨다.

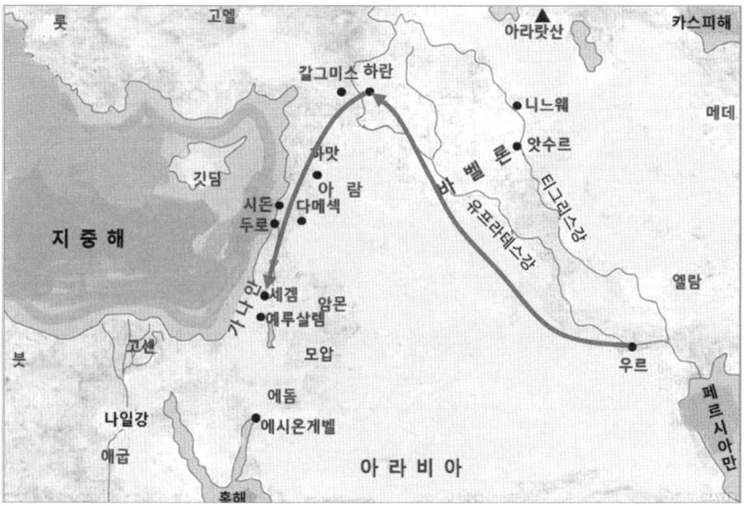

[그림 6] 아브라함의 이동 경로 (출처: http://cafe.daum.net/HASHiM)

두 번째로 하나님은 아브라함에게 복을 주시며, 복의 근원이 되도록 하겠다는 약속을 하신다. 땅의 모든 족속이 아브라함으로 말미암아 복을 받게 하겠다고 약속하신다. 어떻게 땅의 모든 족속이 아브라함으로 말미암아 복을 얻을 수 있는가? 창세기 22장 17~18절에서 하나님은 아브라함에게 "네 씨가 그 대적의 성문을 차지하리라. 또 네 씨로 말미암아 천하 만민이 복을 받으리니"라고 복의 근원에 대한 약속을 좀 더 구체적으로 말씀하셨다. 이는 아브라함의 씨를 통해 대적의 성문을 차지하겠다는 약속이며, 이로 말미암아 천하 만민이 복을 받게 될 것이라는 약속이다.

이는 바로 예수 그리스도에 대한 약속이다. 예수님이 이 땅에 오셔서 십자가에서 죽으시고 부활하심으로 사탄을 멸하시겠다는 약속이다. 그리고 하나님의 백성들을 죄에서 구원하시겠다는 약속이다. 이 땅에 사는 모든 족속에게 이보다 더 복된 소식이 어디에 있겠는가? 이것이 바로 모든 민족에게 미칠 기쁜 소식 곧 복음이다. 예수님으로 말미암아 모든 사람이 사망에서 벗어나 생명을 얻게 된다. 바로 예수 그리스도로 말미암아 아브라함은 복의 근원이 될 수 있는 것이다.

이 약속은 창세기 3장 15절에 약속된 여자의 후손에 대한 약속과 다윗의 왕위를 영원히 견고하게 세우시겠다는 다윗 언약과 연결된다. 또한 이 약속은 메시아에 대한 약속이며, 예수님을 이 땅에 왕으로 보내셔서 하나님의 주권을 바로 세우겠다는 약속이다. 그래서 마태는 예수님에 대해 기록하면서 "아브라함과 다윗의 자손 예수 그리스도의 계보라"라는 말로 마태복음을 시작하고 있다. 아브라함을 복의 근원으로 삼겠다는 약속은 바로 아브라함의 후손 가운데서 예수 그리스도께서 탄생하실 것을 약속하신 것이며, 예수님이 왕으로 오심으로 하나님의 주권을 바로 세우겠다는 약속이다.

그리고 마지막으로 하나님은 아브라함에게 그의 자손들에게 땅을 주겠다는 약속을 하신다. 하나님은 아브라함에게 그의 자손들이 애굽에서 사백 년 동안 종노릇을 할 것이며, 그들에게 애굽 강에서부터 유브라데(유프라테스)까지 땅을 주겠다(창세기 15:18)고 약속하신다. 이는 나라의 구성 요소 중 하나인 영토에 대한 약속이다.

앞에서 살펴본 대로 하나님께서 아브라함에게 주신 세 가지 약속을 요약하면 하나님께서는 아브라함을 통해서 큰 민족을 이루시고, 예수 그리스도를 이 땅에 왕으로 보내셔서 하나님의 주권을 세우시며, 아브라함의 후손들에게 가나안 땅을 주겠다고 약속하셨다. 이 세 가지 약속을 자세히 살펴보면 백성과 주권, 영토에 대한 약속임을 알 수 있다. 하나님은 아브라함을 통해 하나님의 백성을 이루시고, 하나님의 주권을 바로 세우시며, 하나님의 통치 영역인 영토를 회복하고자 하신다. 하나님의 주권이 바로 서고, 백성들이 하나님의 통치에 순종하며, 이들이 거하는 영토가 있으면 이는 곧 하나님 나라라고 할 수 있다. 한 마디로 하나님은 아브라함에게 그를 통해 하나님의 나라를 회복할 계획을 세우시고, 아브라함에게 하나님 나라 회복을 약속하신 것이다. 하나님 나라 회복은 하나님께서 이 세상에서 궁극적으로 이루고자 하시는 하나님의 계획이요, 뜻이다. 그러므로 이 세상에서 이것보다 더 중요한 일이 있을 수 없다. 이 세상 역사는 하나님 나라의 회복과 완성을 향해 흘러가고 있으며, 이것이 인류 역사의 핵심이다.

그런데 하나님 나라의 회복이라는 원대한 계획을 이루기 위해 하나님께서 하신 일은 아브라함 한 사람을 부르는 것이었다. 하나님은 모든 민족을 하나님의 백성으로 삼고자 하는 위대한 계획을 갖고 계셨다. 하나님은 이와 같은 우주적인 계획을 세우시고, 이 일을 이루기 위해 아브라함 한 사람을 부르셨다. 하나님의 원대한 계획에 비해서 아브라함 한 사람은 얼마나 보잘것없고 미미한 존재인가?

일반적으로 회사에서도 대규모의 프로젝트를 수행하고자 할 때는, 그 일에 맞는 전문가들로 팀을 구성하여 타당성을 검토하고 구체적인 실행 계획을 수립한 후, 그 계획을 실행하는데 가장 적합한 사람들로 실행팀을 별도로 구성하여 일을 진행한다. 이렇게 해야 프로젝트가 제대로 이루어질 것처럼 보인다.

그런데 하나님은 온 인류를 구원하고 하나님 나라를 회복하는 우주적인 프로젝트를 수행하기 위하여 고작 아브라함 한 사람을 부르셨다. 어떻게 보면 너무나 무모해 보이기도 한다. 그러나 아브라함 한 사람으로 시작한 하나님 나라의 회복 프로젝트가 오늘날 어떻게 되었는가? 전 세계적으로 셀 수 없을 만큼 많은 사람이 아브라함을 믿음의 조상으로 여기며 아브라함이 걸어갔던 길을 따라가고 있다.

우리들 한 사람 한 사람은 너무나 보잘것없고 미미해 보인다. "나 한 사람이 무엇을 할 수 있을까?"라는 의구심이 들기도 한다. 그러나 아브라함이 하나님의 약속을 믿고 순종했을 때 하나님께서 아브라함을 통해서 하나님 나라의 회복 역사를 이루어 나가셨듯이, 오늘날도 우리들 한 사람이 하나님의 약속을 믿고 순종할 때 하나님께서 우리 한 사람을 통해서 어떤 위대한 일을 행하실지는 아무도 모른다. 이는 오직 하나님만이 아신다. 우리는 단지 하나님의 약속을 믿고 순종하기만 하면 된다. 아브라함이 걸어갔던 순종의 길을 우리도 따라가기만 하면 된다. 그러면 하나님께서 우리를 하나님 나라의 회복과 완성 역사에 사용하실 것이다.

하나님은 지금도 하나님께 순종하는 한 사람을 통해서 하나님 나라의 회복 역사를 이루어 나가신다. 예수님께서 이 땅에 오심으로 이미 하나님의 나라가 이루어졌으며, 오늘날도 하나님은 교회를 통해서 예수님을 통해 성취된 하나님 나라를 확장해 나가시고, 완성을 향해 나아가신다.

하나님은 아브라함과 하나님 나라의 회복에 대해 약속을 하신 후로 그 계획을 줄기차게 이루어 나가신다. 이후에 이어지는 창세기는 하나님께서 아브라함에게 약속하신 세 가지 약속 중에서 첫 번째 약속인 큰 민족을 이루기 위한 기초 작업이 어떻게 이루어지는지를 보여 주고 있다. 아브라함에게 약속의 자녀인 이삭을 주시고, 이삭을 통해서 야곱(이스라엘)을 주신다. 네 명의 아내들이 벌이는 아들 낳기 경쟁을 통해서 하나님은 야곱에게 열두 아들을 주시고 장차 이스라엘 민족을 이루는 열두 지파의 기초를 놓으신다. 아브라함과 이삭, 야곱, 요셉으로 이어지는 시기를 족장 시대라고 한다.

족장 시대 이야기 가운데 사람들의 관심과 흥미를 가장 많이 집중시키는 대목이 바로 요셉에 대한 내용이다. 요셉은 아버지 야곱이 가장 사랑하던 아내인 라헬에게서 노년에 얻은 아들이었다. 그래서 야곱은 요셉을 열두 아들 중에서 특별히 사랑하여 채색옷을 지어 입혔다. 형들은 이런 요셉을 시기하였으며, 요셉이 아버지의 심부름을 왔을 때 구덩이에 던져두었다가 미디안 상인들에게 은 이십에 팔아 버렸다. 미디안 상인들은 요셉을 애굽의 친위 대장이던 보디발에게 넘겼으며, 요셉은 보디발의 집에서 노예로 살게 되었다. 보디발은 여호와 하나님이 요셉과 함께하심을 보고 그를 가정 총무로 삼고 자신의 모든 소유를 요셉에게 맡기게 되었다.그러나 요셉은 보디발의 아내의 모함을 받아 왕의 죄수를 가두는 옥에 갇히게 되었는데, 거기에서도 요셉은 간수장의 신임을 받아 모든 간수를 관리하는 일을 맡게 되었다. 요셉은 감옥에서 바로의 두 관원장의 꿈을 해석해 주었는데, 이를 계기로 바로의 꿈을 해석해 주게 되고 바로의 신임을 받아 당시 최강대국이었던 애굽의 총리 자리에까지 오르게 되었다. 요셉은 어디 가든지 하나님이 함께하심으로 범사에 형통하게 되었다. 요셉은 지혜롭게 7년 흉년을 잘 처리하였으며, 아버지 야곱을 비롯하여 형제들까지 애굽으로 이주하게 되었다.

인간적으로 보았을 때 요셉의 인생은 파란만장한 인생 그 자체이다. 그러나 하나님은 요셉의 인생에 간섭하시고, 그의 삶을 선하게 인도하셨다. 하나님은 형들의 시기를 이용하여 요셉을 미리 애굽으로 보내시고, 하나님께서 아브라함의 후손들이 사백 년 동안 애굽에서 종노릇 할 것이며, 그 이후에 약속의 땅 가나안을 차지하게 될 것이라고 아브라함에게 미리 말씀하셨던 약속을 이루어 나가셨다. 그리고 기근을 이용해서 요셉을 애굽의 총리로 세우시고, 야곱의 가족 70여 명이 애굽 땅으로 이주하게 하셨다. 하나님은 애굽에서 장차 큰 민족을 이루어 하나님의 백성이 될 이스라엘을 준비시켜 나가셨다.

요셉은 과연 실존 인물인가?

많은 사람이 요셉 이야기를 읽으면서 위로와 감동을 받는다. 그러나 한 편의 드라마 같이 너무나 극적으로 전개되는 요셉의 인생을 보며 요셉 이야기를 신화나 교훈적인 동화처럼 여기기도 한다. 그러나 요셉 이야기를 역사적 사실이 아니라 꾸며낸 이야기로 여긴다면 성경의 역사성은 치명적인 상처를 입게 된다. 과연 요셉은 역사적인 실존 인물이며, 요셉의 이야기는 역사적인 사실일까?

과거에는 성경에 등장하는 많은 사건을 단순히 신화나 전설처럼 여기며 역사적 사실이 아니라 단순히 믿어야 하는 교훈적인 이야기 정도로 생각하였다. 그러나 최근에 고고학이 발달하면서 성경에 등장하는 많은 사건이 역사적인 사실임이 밝혀지고 있다. 지금부터 요셉의 이야기가 담고 있는 역사적인 진실에 접근해 보기로 하자.

'패턴 오브 에비던스'라는 영화에 등장하는 데이빗 롤은 역사학자로 평생을 중동에서 상형 문자를 연구하는 데 바쳤으며, 이집트 역사를 연구한 인물이다. 그는 요셉의 이야기가 분명한 고고학적인 증거가 있음을 확신하고 있다. 여기에서 '패턴 오브 에비던스'에 등장하는 그의 견해를 좀 더 깊이 살펴보기로 하자.

그는 성경에 나오는 고센 땅이 현재 고고학자들이 라암셋 성과 아바리스라고 부르는 곳이라고 믿고 있으며, 라암셋과 아바리스는 같은 지역에서 발굴된 유적인데 다른 점은 라암셋 성은 이집트의 신왕국 시대에 건설되었고, 아바리스는 그 이전인 중왕국 시대에 건설되었다고 보고 있다. 그리고 아바리스에 거주하던 사람들은 이집트인이 아니라 서아시아에서 이주해 온 사람들이라고 고고학자들은 밝히고 있다.

데이빗 롤은 아바리스에서 발굴된 하나의 특별한 집터에 주목하고 있는데, 이 집터에는 처음에 시리아식의 집을 지었다가 후에 시리아식 집이 철거되고 이집트식의 궁전이 건설되었는데, 이 궁전의 주인은 이집트의 파라오에 버금가는 아주 높은 지위의 사람임이 틀림없다는 것이다. 그리고 이 궁전 뒤에서 12개의 무덤이 발견되었고, 궁전 옆에는 12개의 기둥이 설치되어 있었다.

또한 이 궁전에는 피라미드 무덤이 있는데, 당시 피라미드에는 왕과 왕비만 묻힐 수 있었기 때문에 이 무덤의 주인은 왕과 같은 높은 지위를 누린 사람임이 틀림없었다. 특이한 점은 이 피라미드 안에 조각상이 있었는데, 머리는 붉은색의 버섯 모양이고, 노란 피부를 지녔으며, 지팡이를 잡고 있고, 줄무늬의 채색옷을 입고 있었다. 그런데 더 이상한 점은 그 피라미드에서 시신이나 관이 발견되지 않았다는 점이다. 일부 고고학자들은 피라미드가 도굴을 당했기 때문이라고 이야기하는데, 일반적으로 도굴꾼들이 관심을 가지는 것은 시신이 아니라 시신과 함께 매장된 보물이라고 한다. 시신에는 별로 관심을 두지 않는다고 한다.

성경을 읽어 본 사람이라면 위의 내용이 야곱과 요셉에 관한 이야기임을 금방 짐작할 수 있을 것이다. 야곱은 열두 아들을 두었으며, 요셉은 채색옷을 즐겨 입었고, 이들은 모두 지팡이를 들고 양을 키우던 목자들이었다. 그리고 이들의 조상은 시리아 출신이며(아브라함은 하란에서 가나안 땅으로 옮겨옴) 이들은 모두 이집트인이 아니라 서아시아인들이다. 그뿐만 아니라 이스라엘 자손들은 출애굽 할 때 요셉의 유언대로 그의 시신을 가지고 나갔다고 성경은 기록하고 있다. 그러므로 요셉의 무덤에서는 시신이나 관이 발견될 수 없는 것이 지극히 당연한 사실이다.

또 한 가지 요셉이 역사적인 인물이라는 사실을 입증해주는 증거가 있다. 오늘날에도 이집트에는 나일강에서 파이윰(Fayum) 호수까지 연결되는 운하가 있는데, 이 운하의 이름은 '바르 유세프(Bahr Yussef)'이다. 이를 해석하면 'Waterway of Joseph(요셉의 물길)'이라는 뜻이다. 더 주목할만한 점은 고고학적으로 이 운하의 건설 시기가 아바리스의 초기 정착 시기와 유사하다는 사실이다.

물론 앞에서 언급한 사실들이 성경에 등장하는 요셉의 이야기가 역사적 사실임을 완벽하게 증명해 주는 것은 아니며, 이에 대해 반론을 제기하는 의견도 존재한다. 그러나 요셉에 대한 기록이 역사적 사실을 기록하고 있음을 믿고 있는 신자들에게는 그들의 믿음이 꾸며낸 이야기에 기초한 것이 아니라 충분한 역사적 근거에 기반을 두고 있다는 사실을 보여 줄 만한 근거를 제공해 주기에 부족함이 없다. 앞으로 고고학적인 발굴이 더 많이 이루어지고 과학이 발달할수록 성경이 역사적 사실에 기초하여 기록된 책임이 더 확실하게 밝혀지게 될 것이다. 그리고 우리가 믿는 성경의 내용이 결코 꾸며낸 이야기나 헛된 이야기가 아니라 역사적 사실이요, 진리임을 확신하게 될 것이다.

2장

출애굽기

출애굽기의 내용은 크게 두 가지로 요약할 수 있다.

첫째는 하나님께서 아브라함에게 약속하신 대로 이스라엘이라는 큰 민족을 이루고, 출애굽 사건을 통해서 하나님께서 이스라엘을 바로의 노예에서 해방하여 하나님의 백성으로 삼으시며, 언약을 체결하는 내용이다.

둘째는 하나님의 백성이 된 이스라엘을 하나님께서 거룩한 백성이요, 제사장 나라로 삼기 위하여 율법을 주시며 하나님 나라의 법을 제정하는 내용이다.

바로의 노예에서
하나님의 백성으로

출애굽기는 야곱의 가족 70여 명이 가나안 땅에서 애굽으로 이주하는 이야기로 시작하여 이스라엘이 바로의 종이 되어 고된 생활을 하지만 하나님의 축복으로 번성하여 애굽 백성들보다 더 많고 강하여지며 큰 민족을 이루게 되는 모습을 보여준다. 실제로 출애굽 직후 실시한 민수기의 인구조사 내용을 보면 군사로 전쟁에 참여할 수 있는 장정만 60만 명이 넘는 것을 볼 때 전체적으로 2백만 명 이상이 되는 큰 민족이 이루어졌음을 볼 수 있다. 이는 아브라함을 통해 큰 민족을 이루시겠다는 하나님의 약속이 성취되었음을 보여준다. 그뿐만 아니라 창세기 15장에서 하나님이 아브라함에게 말씀하신 대로 아브라함의 자손이 이방의 객이 되어 400년 동안 종노릇을 하며 괴로움을 겪게 될 것이라는 예언의 성취이다.

여기에서 우리는 약속대로 반드시 이루어 나가시는 신실하신 하나님의 모습을 보게 된다. 하나님은 아브라함을 부르시고 약속을 하셨으며,

그 약속을 성취하기 위해 계획을 세우시고 수백 년 동안 신실하게 이루어나가신다. 하나님께서 아브라함에게 하신 세 가지 약속 중에서 큰 민족을 이루어주겠다는 첫 번째 약속이 이루어지는데 600년 이상의 시간이 걸렸다. 하나님의 약속은 때로 이루어지는 것 같지 않고, 때로는 더디게 이루어지는 것처럼 보일 수도 있지만, 하나님의 계획대로 하나님의 시간표에 맞춰서 지속적으로 성취되어 간다. 그리고 결국에는 약속대로 반드시 성취된다. 왜냐하면 하나님은 약속을 지키시는 신실하신 분이기 때문이다.

하나님은 아브라함에게 약속하신 대로 이스라엘을 큰 민족으로 만드셨다. 그러나 비록 이스라엘이 하나님의 축복으로 번성하여 큰 민족을 형성하였지만, 이스라엘은 아직 하나님의 백성이 아니었다. 이스라엘은 바로의 노예로 살면서 괴로운 시간을 보내고 있었다. 바로의 노예로 사는 이스라엘을 하나님의 백성으로 삼기 위해서는 이스라엘 자손들을 바로에게서 해방시켜야 했다. 이 일을 위해서 하나님은 모세 한 사람을 준비하셨다.

바로는 이스라엘 자손들이 번성하여 강해지는 것을 보고 두려워하여 산파들에게 히브리인 중에서 아들이 태어나면 죽이도록 명하였다. 그러나 산파들은 하나님을 경외하였으므로 사내아이들을 살려주었다. 그러자 바로는 히브리인들에게 아들이 태어나면 나일강에 던져서 죽이도록 명령을 내렸다. 이런 시대적인 분위기 가운데서 모세가 태어났다.

모세의 부모들은 석 달 동안이나 모세를 숨겼으나 더는 숨길 수 없게 되자 갈대 상자에 아기를 담아 나일강 강가 갈대 사이에 두었다. 그러자 하나님께서 바로의 공주를 보내어 아기를 보게 하고 불쌍히 여기게 하셔서 자기 아들로 삼게 하였다. 모세는 나일강에서 죽을 운명이었지만 하나님은 바로 공주의 마음을 움직여서 모세가 당대 최고의 학문을 익히고 문화를 체험하면서 40년 동안 애굽의 왕궁에서 살도록 하셨다. 그뿐만 아니라 이후에는 모세를 광야로 보내시고 40년 동안 거친 광야에서 장인 이드로의 양을 치며 자신의 입이 뻣뻣해질 정도로 철저하게 광야 훈련을 시키시며, 앞으로 있을 이스라엘 자손들의 광야 생활을 미리 대비하게 하셨다. 하나님은 출애굽 역사를 이루기 위해 모세 한 사람을 지도자로 준비하고 계셨다.

하나님은 때가 되자 모세를 부르시고 그를 통해서 출애굽 역사를 시작하셨다. 바로의 노예로 살고 있던 이스라엘 자손들을 하나님의 백성으로 삼기 위해서는 먼저 이스라엘을 바로의 노예에서 해방시켜야 했다. 고대 사회에서 노예는 인간이 아니라 주인의 소유물에 불과하였다. 어느 누가 자신의 소유를 쉽게 포기하겠는가? 바로도 마찬가지였다. 바로가 이스라엘 자손들을 놓아주는 것은 재산상의 큰 손해를 자초할 뿐만 아니라 막대한 국력의 손실을 초래하는 일이었다. 이런 이유로 말미암아 이스라엘 자손들을 가운데 두고 바로를 앞세운 사탄과 모세로 대변되는 여호와 하나님 사이에 보이지 않는 영적인 전쟁이 벌어진다. 그러나 이 전쟁의 결과는 이미 예견되어 있다. 어느 누구도, 당대 최고의 권력을 가지고 있던 바로도, 심지어 사탄이라 할지라도 하나님을 대적할 수 없으며, 하나님의 계획을 막을 수 없기 때문이다.

하나님은 열 가지 재앙을 통해서 바로와 애굽을 심판하신다. 하나님께서 바로와 애굽의 죄를 심판하고 이스라엘 자손들을 노예에서 해방하기 위해 열 가지 재앙을 내리시는데, 하나님은 차례대로 피 재앙, 개구리 재앙, 이 재앙, 파리 재앙, 악질 재앙, 독종 재앙, 우박 재앙, 메뚜기 재앙, 흑암 재앙, 장자 재앙을 내리신다. 이 열 가지 재앙은 단순한 재앙이 아니라 애굽 사람들이 섬기던 신들에 대한 심판의 의미를 동시에 지니고 있다. 피 재앙은 나일강의 신인 하피를 심판하신 것이며, 개구리 재앙은 개구리 모양의 풍요를 상징하던 헤케트를 물리친 것이다. 흑암 재앙은 태양신인 라를 심판하심으로 하나님이 최고의 신이심을 드러내시며, 장자 재앙은 애굽 사람들이 섬기던 생명의 신인 프타아를 심판하고, 하나님이 참된 생명의 주이심을 나타내셨다. 이처럼 하나님은 애굽의 신들을 심판하심으로 하나님이 다른 어떤 우상들과 비교할 수 없는 탁월하신 분이며, 하나님만이 우주 만물을 주관하시는 유일한 분이심을 나타내셨다.

하나님은 열 번째 재앙인 장자 재앙을 내리시기 전에 이스라엘 자손들에게 각자 어린 양을 잡도록 하셨다. 어린 양은 흠 없고 일 년 된 수컷으로 해야 하며 양을 잡은 후에는 양을 먹을 집 좌우 문설주와 인방에 어린 양의 피를 바르도록 하였다. 그리고 그 고기를 불에 구워 무교병과 쓴 나물과 함께 먹도록 하였다. 그날 밤에 하나님이 애굽 땅을 두루 다니며 사람은 물론이고 짐승들까지 처음 난 것을 다 죽이고 애굽의 모든 신을 심판하셨다. 그런데 어린 양의 피가 발라져 있는 집은 그 피가 표적이 되어 그냥 지나가셨다. 하나님의 명령에 순종하여 어린 양의 피를 바른 집의 장자는 사망이 그를 삼키지 못하고 그냥 지나갔다. 장자 대신 어린 양이 피를 흘리며 죽었기 때문이다. 그러므로 유월절 어린 양은 장자들의 속죄양의 의미를 지닌다.

이날이 바로 유월절이다. 유월절은 영어로 'Passover'로 표현하는데 말 그대로 '지나가다, 뛰어넘다'는 뜻이다. 어린 양의 피를 보고 그냥 지나간다는 의미이다. 장자 재앙에서 살아남기 위해서는 그 어떤 행동이나 조건도 아무런 효과가 없었다. 오직 어린 양의 피만이 효력을 지녔으며, 어린 양의 피만이 구원의 능력을 나타내었다.

성경은 예수님이 친히 유월절 어린 양과 같이 되셨음을 이야기하고 있다. 예수님은 흠 없고 점 없는 어린 양같이 아무 죄가 없지만, 십자가에서 인류의 모든 죄를 짊어지고 대속의 피를 흘리시며 죽으셨기 때문이다. 하나님의 말씀을 믿고 순종하여 어린 양의 피를 문설주에 바른 집의 장자는 누구든지 구원을 받았듯이, 유월절 어린 양과 같이 십자가에서 모든 죄를 대속하여 흘리신 예수님의 피를 믿는 자는 누구나 생명을 얻게 된다. 여기에서 중요한 것이 피다. 구약의 제사 제도에서도 죄 사함을 받기 위해서는 동물의 피를 흘려야 했다. 피 흘림이 없으면 죄 사함이 없고, 생명이 없다. 예수님의 피만이 사망에서 생명으로, 심판에서 구원으로 인도하는 능력이 있다. 우리가 예수님의 피를 믿는 이유가 바로 여기에 있다.

유월절은 이스라엘 자손들에게는 구원의 날이지만 바로와 애굽 사람들에게는 심판의 날이다. 심판과 구원은 동전의 양면과 같이 동시에 일어난다. 이스라엘 자손들이 약속의 땅인 가나안에 들어가는 날은 이스라엘 자손들에게는 기쁨의 날이지만 가나안 족속들에게는 멸망의 날이며, 예수님이 재림하시는 날은 믿는 자들에게는 구원의 날이지만 믿지 않는 자에게는 최후 심판의 날이 되는 것도 마찬가지이다. 이처럼 심판과 구원은 항상 동시에 일어난다.

출애굽 당시의 열 가지 재앙을 자세히 살펴보면 성경에 이와 비슷한 내용이 또 있다는 사실이 떠오르게 된다. 바로 요한계시록에 나오는 세상에 대한 심판의 모습이다. 시대가 다르고 상황이 다르지만, 심판의 내용에서 많은 유사한 점이 있다. 출애굽기에서는 바로와 모세가 등장하여 싸우지만, 그 배후에는 사탄과 여호와 하나님의 영적인 전쟁이 벌어졌다. 그리고 하나님께서 이스라엘 자손들을 종으로 삼고 억압하던 바로와 애굽을 심판하시며 이스라엘을 구원하셨다. 반면에 요한계시록에서는 교회와 짐승 혹은 바벨론이 표면에 등장하여 싸우지만, 그 배후에서는 여호와 하나님과 사탄과의 영적인 전쟁이 진행되고 있다. 이때 하나님은 교회를 핍박하던 짐승과 바벨론의 세력을 멸하시고 심판하시며, 하나님을 믿는 신실한 자들을 구원하신다. 또한 이스라엘 자손들을 출애굽 시킨 후 약속의 땅인 가나안으로 인도하신 것처럼 끝까지 믿음을 지킨 신자들을 어린양의 혼인 잔치에 참여하게 하시며 하나님 나라로 인도하신다.

바로의 장자도 예외 없이 죽임을 당하였다. 이에 바로가 이스라엘 자손들이 떠나도록 허락하지만, 곧 마음이 완악하여져 병거와 군사들을 이끌고 이스라엘 자손을 뒤따르게 하였다. 하나님은 이스라엘 자손들이 전쟁을 하게 되면 마음을 돌이켜 애굽으로 돌아갈 것을 염려하여 그들을 가까운 블레셋 길로 인도하지 않으시고 멀리 돌아가는 홍해의 광야 길로 인도하셨다. 이제 이스라엘 자손들은 앞에는 홍해가 넘실거리고, 뒤에는 바로의 병거와 군대가 쫓아오는 진퇴양난의 상황에 처하게 되었다. 이스라엘 자손들은 심히 두려워하여 여호와께 부르짖고, 모세를 원망하였다.

그러나 하나님은 바다에도 길을 내시는 분이다. 모세가 지팡이를 들고 손을 바다 위로 내밀자 바다가 갈라져 이스라엘 자손들은 홍해 바다를 마른 땅같이 건너게 되었다. 이를 지켜보던 애굽 군사들이 그 뒤를 따라 들어갔다. 그런데 이스라엘 자손들이 홍해를 다 건넌 후 모세가 바다 위로 손을 내밀자 물이 다시 흐르기 시작하였다. 물이 애굽 군사들의 병거와 기병들을 덮치자 한 사람도 살아남지 못하게 되었다.

이 홍해 사건도 마찬가지로 이스라엘 자손들에게는 구원의 날이었지만 바로와 애굽 군대에게는 심판의 날이 되었다. 이스라엘 자손들이 홍해를 건넜다는 것은 이제 애굽 땅을 완전히 벗어났다는 것을 의미한다. 말 그대로 출애굽을 한 것이다.

이스라엘 자손들이 출애굽을 했다는 사실은 단순히 이스라엘 자손들이 노예 생활에서 해방되었다는 그 이상의 의미를 지니고 있다. 먼저 이스라엘 자손들의 신분이 변하게 되었다는 사실에 주목할 필요가 있다. 지금까지 이스라엘 자손들은 바로의 노예라는 신분을 가지고 있었다. 그러나 출애굽이라는 사건을 통해서 이스라엘 자손들은 이제는 바로의 노예가 아니라 하나님의 백성이 되었다. 따라서 출애굽은 하나님 나라의 회복이라는 관점에서 볼 때 하나님께서 이스라엘 자손을 하나님의 백성으로 삼으시고 하나님이 이스라엘의 왕이 되셔서 통치하시는 것을 의미한다. 이는 왕과 백성으로서의 하나님과 이스라엘의 관계가 회복되었음을 의미한다. 출애굽은 하나님의 주권이 회복되고, 이스라엘이 하나님의 백성으로 회복된 사건이다. 그뿐만 아니라 하나님의 백성이 된 이스라엘 자손들이 약속의 땅인 가나안을 향하여 나아가고 있다. 출애굽은 하나님 나라 회복에 필요한 하나님의 주권과 백성, 영토, 이 세 가지가 모두 회복된 사건임을 알 수 있다. 따라서 출애굽 사건은 한 마디로 하나님 나라가 회복된 사건이라고 할 수 있다.

출애굽과 동시에 이스라엘 자손들이 하나님의 백성이 되었지만, 하나님은 이를 공식화하기 위하여 이스라엘 자손들과 시내산에서 언약을 체결하신다. "너희가 내 말을 잘 듣고 내 언약을 지키면 너희는 모든 민족 중에서 내 소유가 되겠고 너희가 내게 대하여 제사장 나라가 되며 거룩한 백성이 되리라"(출애굽기 19:5~6) 시내산 언약의 핵심은 이스라엘 자손이 하나님의 말씀을 잘 듣고 행하면 하나님이 이스라엘을 하나님의 백성으로 삼으시고, 이들의 왕이 되어 주시겠다는 내용이다.

출애굽과 홍해 사건은 역사적 사실이다

그러면 앞에서 살펴본 출애굽과 홍해 사건이 역사적 사실일까? 심지어 신자들 가운데서도 열 가지 재앙을 비롯하여 출애굽 사건과 홍해가 갈라지고 이스라엘 자손들이 홍해를 육지같이 건넜다는 사실을 신화같이 여기는 사람들이 적지 않은 것이 사실이다. 출애굽과 홍해 사건이 역사적 사실이라면 이를 뒷받침할 수 있는 흔적들이나 역사적 근거들이 어디엔가는 남아있을 것이다. 지금부터 출애굽과 홍해 사건이 역사적 사실임을 입증해 줄 수 있는 역사적 근거들을 찾아보기로 하자.

앞서 언급했던 '패턴 오브 에비던스'라는 영화에서 데이빗 롤은 아바리스에 대한 고고학적인 증거에 관해서 설명하면서 "사람이 살지 않던 땅에 70~100명 정도의 셈족 사람들이 10~20채가량의 집을 짓고 정착을 하였으며, 이후 얼마 지나지 않아 이들은 부를 축적하고 번성하게 되었고, 고대에서 가장 큰 도시 중의 하나를 형성하게 되었다."라고 말한다. 성서 고고학자인 존 빔슨은 고센 땅에서 지금까지 발굴된 셈족

(참고로 이집트는 함의 아들인 미스라임의 후손임)의 거주지만 20개가 넘는다고 말하고 있다.

'패턴 오브 에비던스'의 내용을 좀 더 살펴보기로 하자. 그런데 특이한 점은 이렇게 번성하던 셈족들이 갑자기 침체기를 겪고 인구가 감소하게 되었다고 한다. 이 시기의 것으로 추정되는 무덤에서 발견된 뼈들에서 영양 결핍 현상이 보이고, 30대의 젊은 나이에 사망한 자들이 많았음을 보여 주고 있다. 이는 이들이 갑자기 노예로 전락하여 가난해지고, 제 수명대로 살지 못했음을 보여 주는 증거라고 일부 학자들은 이야기하고 있다.

또한 이집트 13대 왕조의 것으로 추정되는 파피루스에 100여 명 정도의 노예 이름이 기록되어 있는데, 그중에서 70% 정도가 셈족의 이름이며, 므나힘, 잇사갈, 아셀, 십보라와 같이 성경에 등장하는 이름도 많다고 한다. 더 이상한 점은 노예의 명단 중에 남자보다 여자의 이름이 훨씬 많다는 사실이다. 이는 출애굽기 1장 22절에 기록된 "그러므로 바로가 그의 모든 백성에게 명령하여 이르되 아들이 태어나거든 너희는 그를 나일강에 던지고, 딸이거든 살려두라 하였더라"는 말씀과 부합됨을 알 수 있다.

그리고 이 시기의 고고학적 발굴의 특징 중 한 가지는 특정한 시기부터 아기들의 무덤이 급격하게 증가하는데 10세 이하 아기들의 무덤에서 발굴된 시신 중에서 50% 정도가 3개월 이하의 신생아들이었다는 사실이다. 그리고 이 신생아들이 성인이 되었을 때의 무덤에 대한 연구에서는 여성의 무덤이 남성의 무덤보다 훨씬 더 많았다는 사실도 확인되었다고 한다. 이러한 사실 모두가 남자아이가 태어나면 죽여야 했던 이스라엘의 형편에 대한 성경의 기록과 정확히 일치하며, 이는 성경의 기록이 역사적 사실임을 뒷받침하고 있다.

그뿐만 아니라 아바리스에서 발굴된 비정상적으로 매장된 시신들은 출애굽에 대한 증거를 더 확실하게 보여주고 있다. 고고학자들이 다수의 구덩이를 발견하였는데 그 안에 시신들이 있었으며, 이 시신들은 정상적으로 매장된 것이 아니라 그냥 던져져 있었다는 사실이다. 매장품들이 없는 것은 물론이고 어떤 시신들은 서로 포개져 있기도 했다고 한다. 이는 전염병을 막기 위해 급히 매장할 수 밖에 없었다는 사실을 보여주고 있다고 학자들은 이야기한다. 그리고 이 무렵 이 지역에 거주하던 셈족들이 아무 계획도 없었던 것처럼 어느 날 갑자기 도시를 버리고 떠났다는 사실을 고고학적 발굴이 보여주고 있다고 한다. 우리는 성경을 통해 이런 일들이 출애굽 직전에 이루어진 열 가지 재앙과 관련이 있으며, 이스라엘 자손들이 아무런 준비 없이 하나님의 명령에 따라 갑자기 이집트를 떠난 사실과도 일치함을 알 수 있다.

지금부터는 홍해 사건과 시내산의 위치에 대해서 살펴보기로 하자. 홍해 사건과 시내산 위치는 오랜 기간에 걸쳐 많은 사람의 관심의 대상이 되었으며, 논란의 대상이 되어왔다. 바다가 갈라지는 홍해 사건은 과학적으로 도저히 설명이 불가능하다. 그래서 많은 사람이 홍해가 갈라진 사건을 역사적 사실이 아니라 꾸며낸 이야기 정도로 생각한다. 그리고 학자들도 실제로 홍해를 바다가 아니라 홍해의 히브리어 원문인 '얌 숲(갈대 바다)'을 근거로 갈대가 많은 비터 호수라고 해석하기도 한다. 또한 전통적으로 많은 학자가 현재 홍해의 일부인 수에즈만을 출애굽 사건에 등장하는 홍해로 주장해왔다.

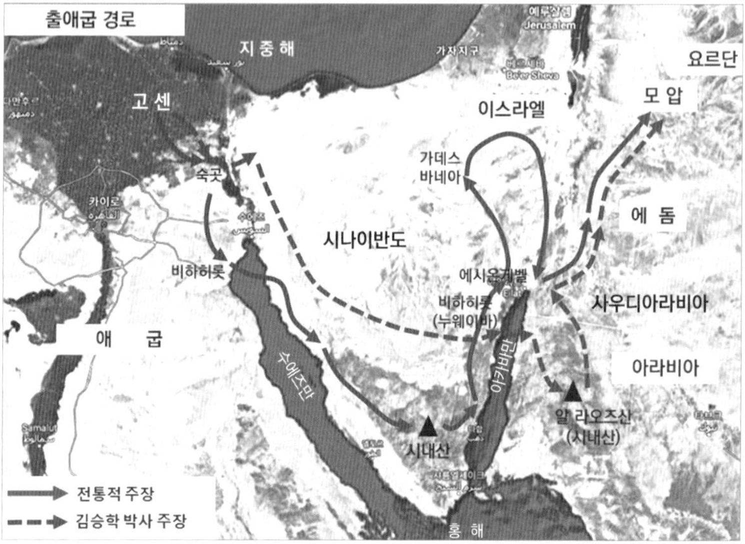

[그림 7] 출애굽 경로 (출처: 김승학 박사 강의안 참고)

그러면 실제로 출애굽을 할 때 이스라엘 자손들이 건넜던 홍해는 어디인가? 그림 7을 보면 홍해는 이집트와 시나이반도 사이에 있는 수에즈만과 시나이반도와 사우디아라비아 사이에 있는 아카바만을 모두 포함하고 있음을 알 수 있다. 성경의 기록대로 200만 명이 넘는 이스라엘 자손들이 홍해 바다를 건넜다면 이 두 곳 중 한 곳임이 틀림없을 것이다. 전통적으로 우리는 수에즈만이나 수에즈만 인근에 있는 비터 호수를 성경에 등장하는 홍해로 인식하여 왔다. 그러나 최근에는 성서 고고학자인 론 와이어트나 '떨기나무'의 저자인 김승학 박사의 탐사로 홍해의 위치가 수에즈만이 아니라 아카바만이라는 주장이 제기되고 있다.

먼저 홍해의 위치와 관련하여 성경에 기록된 내용을 살펴보기로 하자. 민수기 21장 4절에는 이스라엘 자손들이 호르산에서 출발하여 홍해 길을 따라 에돔 땅을 우회하려 하였지만 길이 험하여 백성의 마음이 상하였다고 기록하고 있으며, 신명기 2장 1절에는 이스라엘 자손들이 홍해 길로 광야에 들어가서 여러 날 동안 세일 산을 두루 다녔다고 기록하고 있다.(세일 산은 아카바만 근처 에돔 땅에 있는 산임) 또한 열왕기상 9장 26절에는 "솔로몬 왕이 에돔 땅 홍해 물가의 엘롯 근처 에시온게벨에서 배들을 지은지라"라고 기록되어 있다. 성경에 나와 있는 홍해에 대한 기록을 보았을 때 홍해는 에돔 땅이나 그 근처에 위치하고 있음을 알 수 있다. 그리고 민수기 20장 23절에는 호르산이 에돔 땅 변경에 있다고 기록되어 있다. 그림 7에서 보는 것과 같이 에돔은 수에즈만이 아니라 아카바만과 인접해 있다. 따라서 성경에서 이야기하는 홍해는 비터 호수나 수에즈만이 아니라 아카바만일 가능성이 훨씬 크다고 볼 수 있다.

또한 성경에는 이스라엘 자손들이 홍해를 건넌 위치에 대해서 다음과 같이 기록하고 있다. "이스라엘 자손에게 명령하여 돌이켜 바다와 믹돌 사이의 비하히롯 앞 곧 바알스본 맞은편 바닷가에 장막을 치게 하라"(출애굽기 14:2) Wikipedia에서는 비하히롯의 문자적인 의미를 '협

[그림 8] 누웨이바 알무자이나 (출처: 김승학 박사 강의안)

곡의 입구'라고 정의하고 있다. 그러므로 비하히롯은 협곡을 지나 200만 명 이상의 사람들이 장막을 칠 수 있는 땅이 있는 곳이어야 한다. 또한 출애굽기 15장 22절에는 이스라엘 자손들이 홍해를 건넌 후 수르 광야로 들어갔다고 기록하고 있다. 그러므로 비하히롯의 맞은 편에는 수르 광야가 위치해야 한다.

'떨기나무'의 저자 김승학 박사나 탐험가 론 와이어트는 비하히롯을 모세가 물을 가른 곳이라는 뜻을 지니고 있으며 시나이반도 동쪽에 있는 '누웨이바 알무자이나'라고 보고 있다.(그림 8 참조) 그림에서 보는 것처럼 누웨이바는 협곡을 지나 200만 명 이상이 장막을 칠 수 있을 만큼 토사가 쌓여 가로 9km, 세로 6km의 넓은 땅을 형성하고 있다. 실제로 론 와이어트가 1978년 이곳을 탐험했을 때 그는 이스라엘 자손들이 홍해를 건넌 지점을 표시하기 위해 솔로몬 왕이 세워놓았다고 하는 돌기둥을 보았다고 한다. 김승학 박사에 따르면 사우디아라비아 쪽의 기둥은 사우디에서 없애버렸지만, 지금도 시나이반도 쪽의 기둥은 남아있다고 한다. 론 와이어트가 두 돌기둥 사이의 바다를 조사해보았는데, 다수의 애굽 전차 바퀴와 사람의 뼈, 말발굽 등이 발견되었다고 한다. 또한 '떨기나무'에서 김승학 박사는 이스라엘 자손들이 건넌 바닷길의 폭이 약 1.6km이고, 길이는 약 16km였다고 한다. 또한 그림 9에서 보는 것처럼 물의 깊이는 200m 정도로 비교적 완만한 경사를 이루고 있으나, 바로 양옆 바다의 깊이는 1,000m가 넘고 급격한 낭떠러지여서 바닷물이 없더라도 건너갈 수 없는 곳임을 알 수 있다. 결국 지도를 통해서도 비하히롯과 수르 광야 사이가 이스라엘 자손들이 건널 수

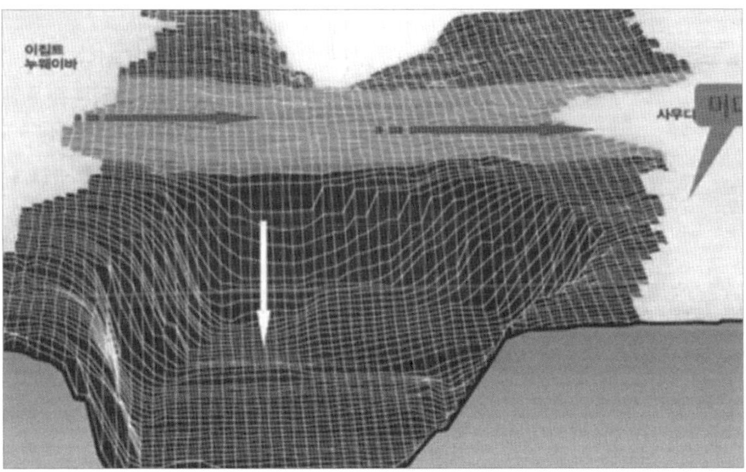

[그림 9] 이스라엘 자손들이 건넌 홍해 길 (출처: 김승학 박사 강의안)

있는 가장 적합한 곳임을 알 수 있다.

앞에서 살펴본 대로 이스라엘 자손들이 건넌 홍해가 비터 호수나 수에즈만이 아니라 아카바만이라면 시내산의 위치도 변경되어야 한다. 그동안 대부분의 학자는 시나이반도에 있는 제벨 무사를 시내산으로 여겼다. 이는 3세기부터 이집트 기독교인들이 박해를 피해 시나이반도 남부 지역으로 몰려들어 수도 생활을 시작하면서 제벨 무사가 시내산의 후보지로 떠오르기 시작하였으며, 서기 527년 유스티니아누스 황제 때 제벨 무사의 해발 1,500m 지점에 성 캐더린 수도원을 건설하며 오랜 기간 지속된 시내산의 위치에 대한 논란에 종지부를 찍게 되었기 때문이다. 따라서 시나이반도의 제벨 무사를 시내산으로 인정하는 데에는 역사적인 근거가 매우 부족함을 볼 수 있다.

또한, 성경은 시내산이 미디안 땅에 있다고 이야기하고 있다. 모세가 애굽에서 도망하여 미디안의 제사장이었던 이드로의 양을 쳤으며, 하나님께서 모세를 호렙(시내)산에서 부르시고, 이스라엘 자손들이 시내산에서 하나님을 섬기도록 하겠다고 약속하셨기 때문이다.(출애굽기 3:12) 그런데 고대 지도를 보면 미디안이 오늘날 사우디아라비아 지역으로 표기되어 있다. 또한 사도 바울도 갈라디아서 4장 25절에서 시내산을 아라비아에 있는 산으로 언급하고 있으며, 1세기의 유대 역사가인 요세푸스도 시내산의 위치를 정확히 기록하고 있지는 않지만 대략 아라비아반도의 북서쪽에 둔 것처럼 보인다.

김승학 박사는 '떨기나무'에서 시내산이 시나이반도에 있는 제벨 무사

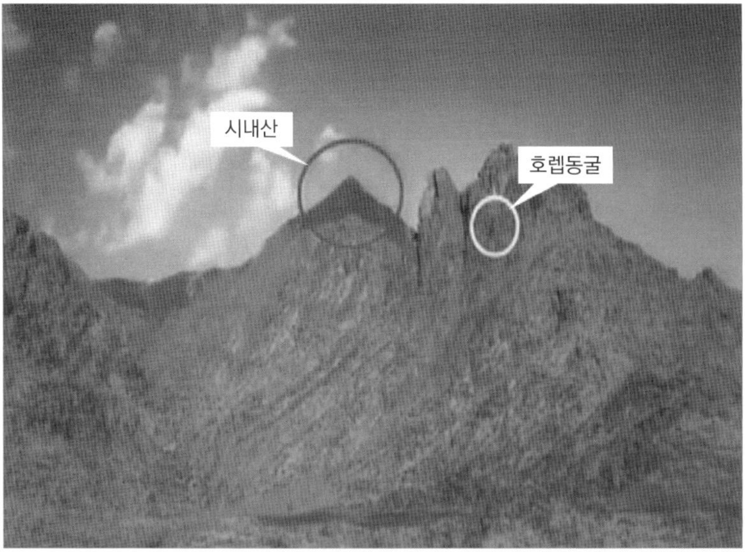

[그림 10] 알 라오즈 산 (출처: 김승학 박사 강의안)

가 아니라 사우디아라비아에 있는 알 라오즈 산이라고 주장하고 있다.

그는 7년간 12차례에 걸쳐 알 라오즈산 일대를 답사하였으며, 그곳에서 그는 검게 탄 알 라오즈 산의 봉우리와 엘리야 선지자가 머물렀던 동굴, 모세가 쪼개서 물을 나오게 했던 르비딤 반석과 반석에서 물이 흘러내린 흔적, 금송아지 제단, 금송아지를 숭배한 것에 대한 벌로 죽임을 당한 3천여 명의 돌무덤, 모세의 우물, 열두 돌기둥, 장막을 쳤던 흔적, 이드로의 동굴, 애굽 사람들이 신었던 샌들이나 애굽에서 섬기던 신들이 새겨진 암각화, 바위에 새겨진 메노라(성전 기구인 일곱 촛대), 다양한 고대 히브리 문자 등 수없이 많은 출애굽의 흔적들을 발견하게 되었다.

앞에서 설명한 모든 내용을 볼 때 이스라엘 자손들이 애굽에서 노예

생활을 하였으며, 하나님께서 열 가지 재앙을 내려 이스라엘 자손들을 출애굽 시키시고, 이스라엘 자손들이 홍해가 갈라져서 육지같이 건너고, 시내산에서 하나님과 언약을 체결하였다는 것이 모두 신화나 전설과 같은 꾸며낸 이야기가 아니라 역사적 사실임을 짐작할 수 있다. 그리고 이 모든 일을 이루신 분이 여호와 하나님이심을 우리는 역사 속에서 분명히 보게 된다. 그리고 우리도 하나님이 주관해 가시는 이 역사적 흐름 속에 서 있음을 발견하게 된다.

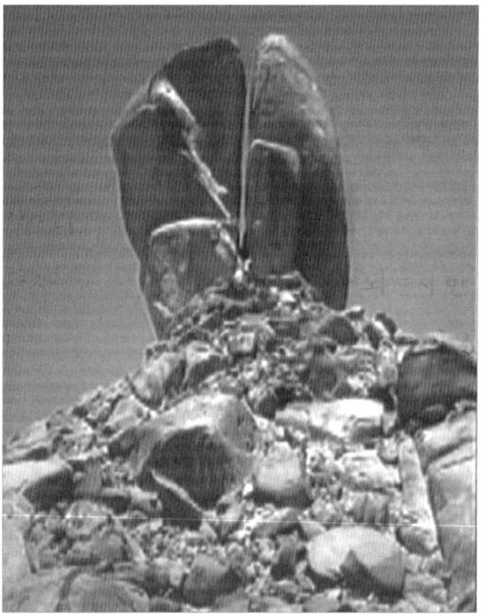

[그림 11] 르비딤 반석 (출처: 김승학 박사 강의안)

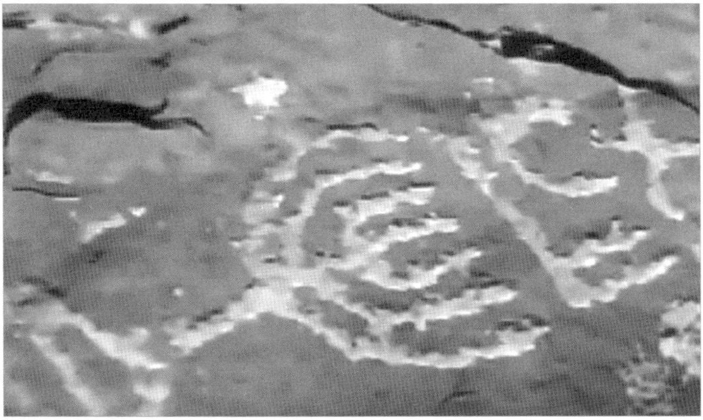

[그림 12] 일곱 촛대 암각화 (출처: 김승학 박사 강의안)

하나님 나라의 법

하나님이 시내산 언약을 통해서 이스라엘 자손과의 관계를 공식화하심으로 이제 이스라엘 자손들도 하나님의 백성으로서 거룩한 삶을 살아야 했다. 이스라엘 자손들은 하나님의 백성으로 신분은 변하였지만, 이들의 삶은 여전히 노예의 모습을 벗어나지 못하고 있었다. 노예가 갑자기 귀족으로 신분이 바뀌었다고 해서 삶의 모습까지 하루아침에 귀족처럼 변화되지는 않는다. 이스라엘 자손들의 모습도 마찬가지였다. 이스라엘 자손들은 출애굽 사건으로 말미암아 갑작스럽게 하나님의 백성이 되었지만, 이들의 삶은 전혀 변화되지 않았다. 여전히 노예와 같은 삶을 살고 있었다. 이스라엘 자손들은 이제 하나님의 백성들이 되었기 때문에 하나님과 같이 거룩한 삶을 살아야 했다. 그러나 이들의 삶은 '거룩'이라는 단어와 거리가 먼 모습이었다.

하나님은 이와 같은 이스라엘 자손들을 거룩한 하나님의 백성으로 만들기 위해서 십계명을 비롯하여 각종 규례를 주셨다. 이는 바로 하나님께서 하나님 나라의 법을 제정하신 것이라고 할 수 있다. 하나님은 먼저 율법 중에서도 가장 기본이 되고 근간이 되는 십계명을 주셨다. 십계명은 율법 중에서 마치 헌법과 같은 위치를 차지하고 있다. 그래서 하나님은 십계명을 주신 후에 하위법이라고 할 수 있는 각종 율례를 주신다. 히브리 종에 관한 규례, 사형에 해당하는 죄, 상해 보상법, 손해배상법, 도덕적·종교적 음란에 대한 규례, 약자 보호 및 종교적 의무에 대한 규례, 사회 정의에 대한 규례, 각종 절기에 대한 규례 등 각종 규례를 주셨다.

여기에서 십계명의 내용을 살펴보기 전에 먼저 하나님께서 이처럼 다양한 율법을 주신 목적과 율법을 주신 시점에 대해 생각해 볼 필요가 있다. 하나님께서 이스라엘 자손들에게 율법을 주신 것은 이스라엘 자손들이 출애굽 하기 전이 아니라 애굽을 떠나서 홍해를 건넌 후 시내산에 왔을 때이다. 이스라엘 자손들이 애굽 땅을 떠난 지 삼 개월째 접어들었을 때이다. 우리는 앞에서 출애굽 사건을 통해 이스라엘 자손들은 이미 하나님의 백성이 되었다고 설명하였다. 그러므로 하나님은 이스라엘 자손들이 이미 하나님의 백성이 된 후에 율법을 주셨음을 알 수 있다.

이제 율법을 주신 시점과 연결하여 하나님이 이스라엘 자손들에게 율법을 주신 목적에 대해 생각해 보자. 하나님은 이스라엘 자손들이 율법을 잘 지키면 하나님의 백성으로 삼겠다는 의도로 율법을 주신 것이 아니다. 오히려 이미 하나님의 백성이 된 이스라엘 자손들이 하나님의 백성답게 세상과 구별된 거룩한 삶을 살도록 율법을 주신 것이다.

하나님이 주신 율법을 지킨다는 것은 이 법을 제정하신 하나님의 주권을 인정하는 것을 의미한다. 다시 말하면 하나님의 통치에 순종한다는 의미이다. 왜냐하면 율법에는 백성들을 다스리는 왕으로서 하나님의 통치 이념이 담겨있기 때문이다. 이를 달리 표현하면 율법에는 백성들에 대한 하나님의 계획과 뜻이 담겨있다고 할 수 있다. 따라서 하나님이 주신 율법을 지키는 것이 하나님께 순종하는 길이요, 하나님을 사랑하는 방법이다.

여기에서 우리는 율법을 잘 지켜서 구원을 받는 것이 아니라 믿음으로 구원을 얻게 된다는 성경의 진리를 발견할 수 있다. 믿음으로 구원을 받는다는 사실은 로마서에서 사도 바울만 강조하는 사상이 아니다. 이 사상은 창세기, 출애굽기 등 모세오경부터 성경 전체에 일관적으로 흐르는 핵심적인 내용이다. 율법대로 잘 행하여서 행위로 구원을 받는 것이 아니라 율법은 하나님을 믿는 사람들이 하나님 나라의 백성답게 살기 위해 지켜야 하는 규범이다. 그리고 구원, 곧 우리가 하나님의 백성이 되는 것은 완전히 하나님의 은혜로 말미암는다.

이제 십계명에 담긴 내용을 살펴봄으로써 하나님께서 주신 율법의 내용에 대해서 알아보기로 하자. 십계명은 크게 두 부분으로 나눌 수 있는데 첫 번째 부분은 1계명부터 4계명까지이고, 두 번째 부분은 5계명부터 10계명까지이다. 십계명의 첫 부분은 "너는 나 외에는 다른 신들을 네게 두지 말라"는 계명부터 우상 숭배를 금지하는 내용과 하나님의 이름을 망령되게 부르지 말라는 것, 안식일에 대한 계명으로 이루어져 있다. 이 내용을 모두 한 구절로 요약하면 "하나님을 사랑하라"는 뜻이다. 두 번째 부분은 "네 부모를 공경하라"는 계명부터 이웃의 소유를 탐내지 말라는 계명까지이다. 이 부분의 계명을 간략히 요약하면 "이웃을 사랑하라"는 뜻이다.

마태복음 22장에는 한 율법사가 예수님을 시험하기 위해 율법 중에서 어느 계명이 큰지 묻는 장면이 나온다. 이때 예수님의 대답이 무엇인가? "네 마음을 다하고 목숨을 다하고 뜻을 다하여 주 너의 하나님을 사랑하라 하셨으니 이것이 크고 첫째 되는 계명이요 둘째도 그와 같으니 네 이웃을 네 자신 같이 사랑하라 하셨으니 이 두 계명이 온 율법과 선지자의 강령이니라" 율법사의 질문에 대한 예수님의 대답은 율법의 핵심이 하나님을 사랑하고 이웃을 사랑하는 것임을 보여주고 있다. 예수님의 대답에서 율법과 선지자는 모세오경과 선지자들의 글을 의미하는 말로 구약 성경 전체를 가리키고 있다. 따라서 구약 성경 전체에서 이야기하고 있는 내용이 바로 하나님 사랑과 이웃 사랑이라는 의미이다. 한마디로 율법의 핵심은 사랑이다. 이것이 율법 곧 하나님 나라 법의 기본원리이다. 그래서 우리는 기독교를 사랑의 종교라고 일컫는다.

또한 이 말씀은 우리가 하나님의 사랑을 이웃 사랑으로 표현해야 한다는 의미를 함축하고 있다. 예수님은 "여기 내 형제 중에 지극히 작은 자 하나에게 한 것이 곧 내게 한 것이니라"(마태복음 25:40)고 말씀하셨다. 우리가 하나님을 사랑한다는 것을 실제 삶 가운데서 나타내는 방법이 바로 이웃 사랑이다. 주일에 교회에 가서 예배를 드리고 기도하고 찬양하는 것만이 하나님께 대한 우리의 사랑을 표현하는 것이 아니다. 하나님을 사랑하는 것은 막연한 것이 아니라 구체적으로 이웃을 내 몸과 같이 사랑하는 것이다. 우리는 이웃 사랑을 통해 하나님께 대한 사랑을 표현해야 한다.

야고보서 2장에는 우리가 어떻게 이웃을 사랑해야 하는지 구체적으로 보여주고 있다. "만일 형제나 자매가 헐벗고 일용할 양식이 없는데 너희 중에 누구든지 그에게 이르되 평안히 가라, 덥게 하라, 배부르게 하라 하며 그 몸에 쓸 것을 주지 아니하면 무슨 유익이 있으리요 이와 같이 행함이 없는 믿음은 그 자체가 죽은 것이니라" 이웃 사랑이라는 구체적인 행함으로 표현되지 않는 믿음은 죽은 믿음이다. 그런 믿음은 존재하지 않으며 믿음이라고 할 수 없다. 따라서 우리는 이웃사랑을 통해서 하나님께 대한 우리의 사랑과 믿음을 나타내어야 한다.

제사와 하나님 나라의 회복

이스라엘 자손들이 어떻게 지속적으로 하나님의 주권을 인정하고, 하나님을 사랑하며, 하나님과 올바른 관계를 유지할 수 있는가? 이는 단지 이스라엘 자손들에게만 주어진 질문이 아니라 오늘날 하나님을 믿는 우리 모두에게도 매우 중요한 질문임이 틀림없다. 하나님은 십계명을 비롯하여 생활 가운데서 하나님의 백성으로서 지켜야 할 여러 가지 율법을 주신 후에 이제 예배 곧 제사에 대한 규례를 주고 있다. 이는 하나님을 왕으로 인정하고 하나님의 통치에 순종하며 안식을 누리는 삶을 살기 위해서 가장 기본적으로 필요한 것이 하나님께 대한 예배임을 보여준다. 예배는 하나님을 섬기고 사랑하는 수단이며, 하나님과 올바른 관계를 유지하는 유일한 통로이다. 그래서 하나님께서 예배와 관련된 성막과 제사장, 안식일 등에 대한 규례를 주신다.

먼저 성막은 하나님의 임재를 나타내 준다. 이는 하나님께서 이스라엘을 하나님의 백성으로 삼으시고, 이들의 왕으로서 성막에 좌정하셔서 하나님의 뜻에 따라 통치하려는 하나님의 의도를 보여 준다. 성막에서 드리는 제사를 통해 이스라엘 자손들은 하나님을 섬기고, 하나님께 대한 사랑을 표현하며, 하나님의 음성을 듣는다. 이를 통해 왕으로서의 하나님의 주권이 바로 서게 되고, 이스라엘 자손들은 하나님의 다스림을 받는 하나님의 백성이 된다. 결국 하나님의 나라가 회복된다. 따라서 성막과 성막에서 드리는 제사는 하나님 나라의 회복을 상징적으로 나타내 준다고 할 수 있다.

이스라엘 자손들이 가나안 땅에 들어가서 성전을 건축한 후에는 성전이 성막을 대신하게 된다. 그리고 성막에서 드리던 제사를 이제 성전에서 드리게 된다. 후에 남유다가 우상을 숭배하며 하나님을 떠나자 하나님도 이스라엘 자손들을 버리고 성전을 떠나게 된다. 하나님이 계시지 않는 성전은 더 이상 존재할 이유가 없다. 결국 솔로몬 성전은 이방인들의 손에 완전히 훼파되고 하나님이 떠난 성전과 예루살렘은 폐허로 전락하게 된다.

이스라엘 자손들이 하나님을 왕으로 인정하지 않고 섬기지 않자 하나님도 이스라엘 자손들을 이제는 하나님의 백성으로 여기지 않게 되었다. 이는 하나님과 이스라엘 자손들 사이에 맺어져 왔던 왕과 백성의 관계가 깨어지게 되었음을 의미한다. 이제 왕의 주권도 바로 서지 못하고 이스라엘 자손들도 하나님의 백성이 아니다. 왕과 백성과의 관계가 깨어지게 된 것이다. 결국 이스라엘 자손들은 아담의 때와 같이 다시 하나님의 나라를 상실하는 비참한 현실을 맞이할 수밖에 없게 되었다.

여기에서 우리는 하나님 나라의 회복은 성막의 회복, 곧 성막에서 드리는 제사(예배)의 회복과 함께 이루어지는 것을 볼 수 있다. 성막이 회복되어 하나님이 그곳에 임재하시며, 그곳에서 백성들이 드리는 제사가 회복될 때 하나님 나라는 자연스럽게 회복된다. 마찬가지로 성막이 무너지고, 그곳에서 드리는 제사가 사라지면 하나님 나라를 상실하게 되고, 하나님 나라에서 누릴 수 있는 안식도 사라지게 된다.

따라서 오늘을 살아가는 우리들이 가장 힘써야 할 것이 바로 성막(성전)의 회복, 예배의 회복이다. 오늘날 우리가 회복해야 할 성전은 무엇인가? 앞에서 언급했듯이 오늘날은 우리 자신들이 성전이다. 왜냐하면 예수 그리스도를 믿는 순간 성령 하나님이 우리 안에 임재하시기 때문이다. 성전은 바로 하나님이 임재하시는 곳이라고 이야기하였다. 따라서 오늘날에는 성령 하나님이 임재하시는 우리가 바로 성전이다. 우리는 우리 안에 거하시는 성령 하나님을 왕으로 인정하고 섬겨야 한다. 그래서 사도 바울은 육체의 소욕을 좇아 살지 말고 성령을 따라 행하며 성령의 열매를 맺으라고 말씀하셨다. 우리 안에 거하시는 성령 하나님을 왕으로 인정하고 섬기며 성령을 따라 행할 때 우리 안에는 하나님의 나라가 회복되어 하나님 나라에서 누릴 수 있는 안식을 누리며 살게 된다.

그래서 하나님께서는 십계명과 생활 속에서 지켜야 할 규례를 주신 후에 바로 성막 건축과 그 안에 있는 각종 기구에 대한 규례를 주신다. 이어서 하나님은 제사를 주관할 제사장과 관련된 규례, 안식일에 관한 규례를 보충하여 주신다. 그리고 출애굽기 마지막 부분은 구체적으로 하나님께서 임명하신 브살렐과 오홀리압을 중심으로 성막을 건축하고 하나님이 성막에 임재하셔서 여호와 하나님의 영광이 성막에 충만하게 되는 것으로 채워진다.

3장

레위기

출애굽기 20장부터 시작된 하나님 나라의 법을 제정하는 모습은 레위기까지 계속된다. 레위기를 한 구절로 요약하면 '하나님 나라의 거룩한 백성이 되기 위해 필요한 삶의 규범 제정'이라고 할 수 있다. 하나님은 이스라엘 자손들에게 "내가 거룩하니 너희도 거룩할지어다"(레위기 11:45)라고 말씀하셨다. 이스라엘 자손들은 하나님의 백성으로서 거룩하신 하나님을 본받아 거룩한 백성이 되어야 했다. 이스라엘 자손들이 어떻게 거룩한 백성이 될 수 있는가?

거룩함에 이르는 길 '제사'

우리가 앞서 살펴본 것처럼 성막을 건축하는 것으로 출애굽기는 막을 내렸다. 성막이 건축됨으로 이제 이스라엘 자손들은 성막에 나아가 하나님께 제사를 지낼 수 있게 되었으며, 제사를 통해 거룩해질 수 있는 길이 열리게 되었다. 그래서 하나님께서는 이스라엘 자손들에게 구체적으로 제사를 어떻게 드려야 하는지 제사에 대한 규례를 알려주신다.

하나님은 먼저 이스라엘 자손들이 드려야 하는 5대 제사에 관해 설명해 주신다. 5대 제사는 번제와 소제, 화목제, 속죄제, 속건제이다. 번제는 자원하는 제사로 고의로 짓지 않은 죄를 속죄하고 헌신을 나타내는 제사이다. 번제물로는 주로 양이나 소, 새를 드리며, 번제는 제물 전부를 제단 위에서 불살라 드리는 제사이다. 제사를 지내는 사람이 번제물의 머리에 안수하면 하나님께서 이를 기쁘게 받으시고 드리는 자의 죄를 속해 주신다.

소제 역시 자원하여 드리는 제사로, 주로 고운 가루와 기름, 유향으로 제사를 지내되 누룩을 넣지 말아야 한다. 소제는 하나님께 드리는 향기로운 냄새로, 하나님께 대한 감사와 헌신을 나타내는 제사이다. 화목제도 사람들이 자원하여 드리는 제사로, 소나 양, 염소와 같은 동물, 무교병이나 유교병과 같은 떡으로 드리는 제사이다. 화목제는 하나님과의 교제와 감사를 나타내는 제사이다.

위에 언급한 세 가지 제사가 자원하여 드리는 제사라면 앞으로 이야기할 두 가지 제사는 의무적으로 드려야 하는 제사이다. 속죄제는 죄를 범한 자가 의무적으로 드려야 하는 제사로, 죄를 범한 사람의 경제적 사정을 고려하여 제물을 드려야 한다. 제사장이나 이스라엘 온 회중이 죄를 범하였을 때는 수송아지를 제물로 드리고, 족장은 숫염소, 일반 회중은 암염소나 어린양의 암컷을 드려야 한다. 경제적인 사정이 여기에도 미치지 못하는 자들은 비둘기나 기름, 유향을 넣지 않은 고운 가루를 제물로 삼아 제사를 지내야 한다. 이스라엘 자손들은 속죄제를 드림으로 고의로 짓지 않은 죄를 속죄받을 수 있었다. 따라서 속죄제는 죄에 대한 회개와 용서, 그리고 이를 통한 정결을 나타낸다.

속건제도 속죄제와 마찬가지로 의무적으로 반드시 드려야 하는 제사로 배상이 따르는 것이 특징이다. 이는 주로 성물이나 이웃의 물건에 대하여 죄를 범한 것으로 20%의 추가 배상이 요구되어 진다. 제물로는 주로 숫염소나 암염소를 드렸으며, 소제물은 완전히 태우고 먹지 못하도록 하였다. 속건제는 고의가 아닌 부지중에 범한 죄에 대한 속죄와 이로부터의 정결을 회복하는 의미의 제사이다.

레위기 8장부터 10장까지는 제사장과 관련된 규례인데, 하나님은 제사에 대한 규례를 주신 후에 사람들을 대신하여 하나님과 인간 사이의 중보자로서 하나님께 나아가 제사를 지내는 제사장에 대한 규례를 주신다. 선지자가 하나님의 뜻을 이스라엘 자손들에게 전달하는 하나님의 대변인이라면 제사장은 반대로 사람들과 하나님 사이의 교제를 가능하게 하는 중보자이다.

제사장의 직분은 아론과 그 아들들에게 주어졌으며, 레위기 8장에는 제사장 위임식에 대한 내용이 기록되어 있다. 모세가 아론과 그의 아들들을 데려다가 몸을 씻기고, 옷을 입혀주고, 기름을 머리에 부어 거룩하게 하였다. 그리고 숫양을 잡아 그 피를 뿌리고 제사를 지내 이들을 정결하게 하였다. 그러나 아론의 두 아들인 나납과 아비후는 여호와께서 명령하지 않은 다른 불을 담아 여호와 앞에 분향함으로 죽임을 당하게 되었다. 이는 나납과 아비후가 하나님께서 정하신 제사장의 규례를 어겨 불결하게 되었기 때문이다. 이 사건은 제사장이 하나님과 인간 사이의 중보자로서 특권을 지니고 있지만, 하나님 앞에서 얼마나 정결해야 하는가를 보여준다.

구약 시대에는 아론의 후손들이 제사장직을 수행하였지만, 오늘날은 예수 그리스도를 믿는 모든 자가 제사장이다. 베드로는 "너희도 산 돌 같이 신령한 집으로 세워지고 예수 그리스도로 말미암아 하나님이 기쁘게 받으실 신령한 제사를 지낼 거룩한 제사장이 될지니라"(베드로전서 2:5)고 이야기하였다. 그리고 신자들을 '왕 같은 제사장'으로 칭하였다. 따라서 우리는 이 시대에 제사장들로서 중보자 역할을 감당해야 하며, 제사장으로서 하나님 앞에서 자신을 정결하고 거룩하게 해야 한다.

계속해서 하나님은 정결한 음식과 부정한 음식을 나누시고 부정한 음식을 멀리하여 자신을 정결하게 하도록 권면하신다. 또한 여인이 해산했을 때나, 나병을 비롯하여 피부병에 걸렸을 때 자신의 몸을 어떻게 정결하게 해야 하는지에 대한 규례를 주신다. 그리고 유출병이 있는 여인과 이런 여인과 접촉한 자가 지켜야 하는 정결 규례에 대해 말씀하신다. 이 규례들은 모두 하나님께서 정결을 통하여 거룩함에 이르도록 주시는 규례이다.

완전한 거룩함에 이르는 길

이스라엘 자손들은 고의로 죄를 범한 것이 아니면 속죄제를 드림으로 자신의 죄를 용서받고 자신을 거룩하게 할 수 있었다. 그러나 고의로 죄를 지었거나 자신이 죄를 범하고도 인식하지 못하는 경우에는 어떻게 속죄를 받을 수 있는가? 하나님께서 이를 위해 제정하신 날이 바로 대속죄일이다.

대속죄일은 유대 종교력으로 7월 10일이다. 이날은 대제사장이 일년 중 유일하게 지성소에 들어가 자신과 집안사람들은 물론이고 온 이스라엘 자손들을 위하여 속죄의 제사를 지내는 날이다. 대속죄일이 되면 대제사장은 먼저 자신을 위하여 속죄 제물을 드리고, 자신의 몸을 깨끗이 씻은 후 거룩한 세마포 옷을 입고 자신을 정결하게 해야만 했다. 심지어 대제사장이라 할지라도 자신을 정결케 하지 않고 지성소로 들어가면 죽음을 면할 수 없었다. 대제사장뿐만 아니라 이스라엘 자손들도 이날이 되면 아무 일도 하지 말고 자신을 괴롭게 해야만 했다.

대속죄일이 되면 대제사장은 숫염소 두 마리를 준비하여 제비를 뽑아 한 마리는 잡아서 여호와께 속죄물로 드리고, 다른 한 마리는 아사셀이라는 속죄물로 염소의 머리에 안수하고 이스라엘의 모든 죄를 그 머리에 두며, 염소는 모든 죄를 지고 광야로 보내졌다. 이것이 바로 아사셀 염소이다. 이는 아사셀 염소가 이스라엘 자손들의 모든 죄를 지고 광야로 보내짐으로 이제 더 이상 백성들의 죄가 남아있지 않고 완전히 제거되었음을 상징적으로 보여주고 있다. 이렇게 함으로 이스라엘 자손들은 모든 죄로부터 정결하게 되어 거룩함을 지킬 수 있었다. 하나님은 이날을 안식일 중의 안식일로 정하셨으며, 이스라엘 자손들이 영원히 이날을 지키도록 규례를 정하셨다.

아사셀 염소가 이스라엘 자손들의 모든 죄를 짊어지고 광야로 보내진 것 같이, 예수님은 인류의 모든 죄를 대신 짊어지고 십자가에 달리셔서 아사셀 염소가 되셨다. 예수님은 십자가에서 피를 흘리시고 죽으심으로 친히 속죄 제물이 되셨으며, 이 한 번의 희생으로 모든 죄에 대하여 속죄를 이루실 영원한 제사를 지내신 대제사장이 되셨다. 이 예수님의 희생과 제사로 말미암아 우리는 모든 죄로부터 정결하게 되고 거룩한 하나님의 백성이 될 수 있게 되었다. 그러므로 이 예수님이 죽음의 권세를 물리치고 부활하신 날은 안식일 중의 안식일이요, 우리가 영원히 지키고 기념해야 할 날이다.

하나님은 대속죄일에 대한 규례를 통해 이스라엘 자손들을 정결하게 하신 후 다시 이들이 일상생활 속에서 성결한 삶을 살도록 관련된 규례를 주고 있다. 하나님께서는 이스라엘 자손들이 하나님의 거룩한 백성이 되는데 필요한 모든 율법을 주신 후에 레위기 26장에서는 결론적으로 이스라엘 자손들이 이 율법을 잘 지키고 행하면 하나님께서 복을 내리지만, 하나님의 말씀을 잘 듣지 않고 말씀대로 준행하지 않으면 벌을 내리겠다고 말씀하신다. 이스라엘 자손들이 하나님의 율법을 잘 지키면 그 땅에 평화가 임하고, 먹을 것이 풍족할 것이며, 하나님이 모든 원수를 물리쳐 주실 것을 약속하신다. 그리고 하나님이 이들의 하나님이 되어주시고, 이스라엘 자손들을 하나님의 백성으로 삼아 주신다. 그러나 이스라엘 자손들이 하나님이 주신 율법을 잘 지키지 않으면 하나님께서 이들에게 질병과 기근을 내리고 흉년이 들게 할 것이며, 전쟁에 시달리게 하실 것이다. 또한 이스라엘을 적군의 손에 붙일 것이며, 구체적으로 전쟁과 기근으로 이들이 아들의 살을 먹고 딸의 살을 먹게 될 것이라고 경고하신다. 그리고 결국에는 나라를 잃고 여러 민족 가운데로 흩어질 것이며 그 땅이 황폐하여져 땅이 안식을 누리게 될 것이라고 말씀하신다. 그러나 하나님은 이들을 아주 완벽히 멸하지 않으시고 조상들과 맺은 언약을 기억하셔서 원수들의 땅에 있는 이스라엘 자손들의 하나님이 되어주실 것이다.

안타깝게도 레위기 26장에서 하나님이 하신 약속은 이후 이어지는 이스라엘의 역사를 통해서 하나도 빠짐없이 그대로 이루어지는 것을 보게 된다. 심지어 전쟁으로 인해 성이 포위를 당하자 먹을 것이 없어서 자식을 잡아먹는 것까지도 문자 그대로 이루어진 것을 볼 수 있다. 하나님의 경고에도 불구하고 이스라엘은 하나님을 버리고 하나님을 떠나서 심판을 받아 나라가 멸망하고 결국에는 이방의 포로로 잡혀가게 된다. 그러나 하나님은 이런 이스라엘을 버리지 않으시고 훈련과 연단을 통해 자신들의 죄를 깨닫게 하시고 하나님께로 돌이키시며 회복시키신다.

하나님은 이스라엘 자손들을 하나님의 백성으로 삼으시고 이들이 거룩한 하나님의 백성이 되도록 십계명을 비롯하여 각종 율법을 주셨다. 그리고 이들이 하나님의 율법을 어겨 부정하게 되었을 때도 각종 제사를 통해 다시 정결하게 하시고 거룩한 삶을 살도록 인도하셨다. 하나님께서 율법을 주신 목적은 백성들이 하나님과 같이 거룩한 삶을 살도록 하는 데 있음을 레위기는 분명히 보여주고 있다.

4장
민수기

민수기의 특징은 1장과 26장에 기록된 것처럼 두 번에 걸친 인구조사가 시행된다는 점이다. 한글로 민수기라는 책명은 백성들의 수(영어로 민수기는 Numbers임)를 뜻하는 말인데, 이 책명도 이런 점을 고려하여 지어진 것으로 추정된다. 민수기의 주된 내용은 출애굽기와 레위기에 걸쳐 하나님께서 주신 율법대로 이스라엘 자손들이 정결 의식을 행하여 자신을 거룩하게 하고 광야로 진군해 나아가지만, 광야에서 실패하고 방황하는 모습이 주로 담겨 있다. 그러나 하나님은 실패한 이스라엘 자손들을 포기하지 않으시고 율법을 갱신하시고 소망을 주시며 약속의 땅을 바라보게 하신다.

하나님의 군대

하나님은 모세에게 지파별로 이십 세 이상 싸움에 나갈 만한 남자들의 수를 세고 지파별로 지도자를 한 명씩 세우도록 명령하신다. 여기에서 볼 때 첫 번째 인구 조사의 목적은 가나안 땅을 정복하는 데 필요한 군대를 모집하여 진을 편성하는데 있음을 알 수 있다. 그러자 이스라엘 자손들은 여호와께서 모세에게 명하신 대로 그대로 행하였다.

첫 번째 인구 조사의 결과는 레위 지파를 제외하고 20세 이상의 남자만 60만 명이 넘었음을 보여준다. 이는 하나님께서 아브라함에게 창세기 15장에서 약속하신 대로 아브라함의 자손을 뭇별과 같이 많게 하여 큰 민족을 이루어 주셨음을 나타내 주고 있다. 한마디로 하나님의 약속이 어떻게 성취되었는가를 보여주고 있다. 그런데 이 약속이 성취되는 데는 600년 이상의 시간이 소요되었다. 이를 볼 때 하나님의 약속은 때로 우리에게는 이루어지지 않는 것처럼 보이고 더디 이루어지는 것처럼 보이기도 하지만 하나님의 계획대로, 하나님의 시간표에 따라 반드시 성취되는 것을 볼 수 있다. 하나님은 반드시 약속대로 행하시는 신실하신 분이다. 따라서 우리에게 필요한 것은 조급한 마음을 내려놓고, 신실하신 하나님을 신뢰하고, 믿음으로 하나님의 약속이 이루어지기를 기다리는 것이다. 그러면 우리는 하나님의 때에 약속이 성취되는 것을 볼 수 있게 된다.

여기에서 첫 번째 인구조사의 목적에 대해서 좀 더 자세하게 살펴보고자 한다. 이스라엘 자손들은 출애굽 전까지 애굽에서 노예로 살아왔다. 이들은 전쟁이나 군사와는 거리가 먼 사람들이었다. 그런데 이제 하나님은 이들을 약속의 땅인 가나안을 정복하는 군인으로 부르시고 있다. 그래서 하나님은 모세에게 20세 이상 남자들로 전쟁을 할 만한 사람들을 계수하라고 명령하신 것이다. 이제 이들은 약속의 땅인 가나안을 정복해야 할 하나님의 군대이다.

하나님은 지파별로 20세 이상의 남자들을 계수한 후에 진을 편성하도록 명령하신다. 진영 가운데는 성막을 두고 네 개의 진영으로 나누어 각 진영이 성막을 향하도록 배치하였다. 동쪽에는 유다 진영을 두었는데 유다 진영은 유다지파와 잇사갈, 스블론 지파로 이루어졌으며, 남쪽에는 르우벤 진영을 두었는데 르우벤 진영은 르우벤지파와 시므온, 갓 지파로 구성되었다. 서쪽에는 에브라임 진영을 두었으며 에브라임 진영은 에브라임 지파와 므낫세, 베냐민 지파로 이루어졌고, 북쪽에는 단 진영을 두었으며 단 진영은 단지파와 아셀, 납달리 지파로 구성되었다. 그리고 성막 주변에는 레위 지파가 사방으로 둘러싸서 성막을 보호하고 다른 지파의 사람들이 함부로 성막에 접근하여 죽임을 당하지 않도록 보호하며, 중보자 역할을 하게 하였다. 이스라엘은 편성된 진영대로 진을 쳐야 했다.

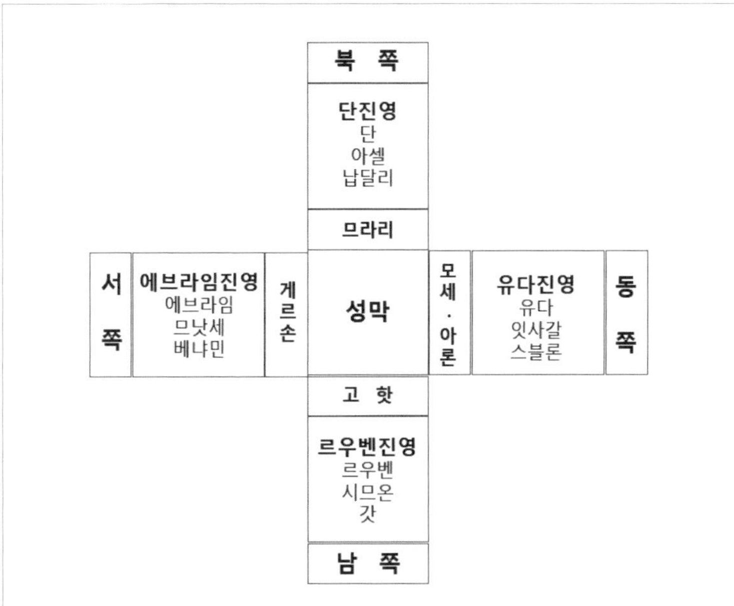

[그림 13] 이스라엘 진 편성도

출애굽 사건 후 하나님은 이스라엘 자손의 왕이 되셨고, 이스라엘 자손은 하나님의 백성이 되었다. 하나님과 이스라엘 자손 사이에 왕과 백성과의 관계가 맺어졌으며, 이를 견고히 하기 위해서 시내산에서 언약까지 체결하였다. 이를 통해 나라를 구성하는데 필요한 주권과 백성(국민)은 준비되었다. 그런데 아직 한 가지 부족한 것이 있었다. 바로 영토

(땅)이다. 이제 하나님은 이스라엘 자손에게 그들이 거할 땅을 주기 위해서 약속의 땅인 가나안으로 인도하신다. 그리고 이를 통해 하나님 나라를 온전히 회복하고자 하신다.

그런데 여기에서 우리가 약속의 땅에 대하여 한 가지 주목해야 할 점이 있다. 바로 하나님께서 이스라엘 자손에게 주기로 약속한 땅이지만 이 약속의 땅이 그저 주어지지 않는다는 사실이다. 왜냐하면 약속의 땅에는 아직 이방인들이 거주하고 있었고, 이들이 순순히 자신들이 거하는 땅을 내주지 않을 것이기 때문이다. 이방인들은 자신들이 전쟁에서 패배할 것이라는 사실을 알지만, 결코 자신의 땅을 거저 내놓지 않는다. 이는 이스라엘 자손에게는 하나님이 약속하신 땅이지만 전쟁을 통해서 빼앗아야 한다는 것을 의미한다. 그래서 하나님은 20세 이상의 이스라엘 남자들을 이 전쟁에 참여할 군인으로 부르신다.

오늘날도 하나님은 신자들을 하나님 나라의 영토를 확장하는 데 참여할 군인으로 부르셨다. 사도 바울은 디모데에게 편지하면서 "너는 그리스도 예수의 좋은 병사로 나와 함께 고난을 받으라"(디모데후서 2:4)고 말하였다. 이는 오늘날 우리 신자들의 신분이 무엇인가를 분명히 보여 준다. 우리 신자들은 모두 하나님 나라의 영토를 확장하기 위하여 부름을 받은 자들이며, 이를 위해 싸워야 하는 군인들이다.

물론 이 싸움은 승리가 보장된 싸움이다. 예수님께서 십자가에서 죽으시고 부활하심으로 사탄의 권세를 파하고 승리하셔서 하나님의 보좌 우편에 앉아계시기 때문이다. 우리가 사탄에 대적하여 싸우기만 하면 승리는 우리의 것이다. 그런데 사탄은 자신이 패배할 것을 알지만 절대로 순순히 자신의 영토를 내어주지 않는다. 그래서 우리는 사탄에 대적하여 싸워야 한다. 사탄과 대적하여 싸우며 하나님께서 약속하신 영토를 정복해 나가야 한다. 이것이 바로 이 시대 하나님의 군대인 모든 신자가 감당해야 할 영적 전쟁이다.

그러면 오늘날 우리가 정복해야 할 영토는 구체적으로 무엇인가? 영토는 주권자의 통치권이 영향을 미치는 영역을 의미한다. 오늘날 우리 신자들이 정복해야 할 영토는 이제는 가나안 땅과 같은 물리적인 땅이 아니다. 오늘날 우리가 정복해야 할 영토는 아직도 사탄의 지배를 받는 불신자들이며, 더 구체적으로는 불신자들의 마음이다. 불신자들에게 복음을 전파하여 이들이 하나님의 통치 영역 안으로 들어오게 해야 한다. 불신자들이 사탄의 지배를 벗어나 하나님의 통치에 순종하도록 하는 것이 오늘날 우리 신자들에게 맡겨진 하나님 나라를 확장하는 전쟁이다. 따라서 하나님 나라의 영토를 확장하기 위해서 우리가 해야 할 일은 복음 전파이다. 이 일을 이루기 위해 예수님은 제자들에게 땅끝까지 예수님을 증거하며, 복음을 전파하라고 명령하셨다. 이 명령은 단지 예수님의 열 두 제자에게만 주신 것이 아니라 오늘날 예수님의 제자로 살고자 하는 모든 신자와 교회에 주신 명령이다. 따라서 우리는 이 예수님의 명령에 순종하여 예수 그리스도의 좋은 군사로서 복음 전파의 사명을 감당하며, 하나님 나라의 영토 확장에 동참해야 한다.

정결과 거룩으로 무장한 이스라엘

하나님께서 가나안 땅을 정복하기 위해 이스라엘 자손들을 군인으로 모집했지만 실제로 이들은 군인으로서 훈련을 받아본 적도 없으며, 전쟁을 치러본 경험도 없는 자들이었다. 하나님이 출애굽 사건 후 이스라엘 자손들을 블레셋을 통과하여 가는 가까운 길로 인도하지 않고 훨씬 먼 홍해의 광야 길로 인도하신 것은 이들이 전쟁을 하면 두려워서 애굽으로 돌아갈까 염려하셨기 때문이었다. 이처럼 이스라엘 자손들은 아직 전쟁을 치를만한 준비가 전혀 되어 있지 않았다.

그러나 이제 이스라엘 자손들이 가나안 땅에 들어가기 위해서는 전쟁을 치르지 않을 수 없는 상황이 되었다. 이들은 하나님의 군대로서 약속의 땅인 가나안을 차지하기 위해 이방 민족들과 전쟁을 해야만 했다. 그러므로 이제부터라도 전쟁을 치르는데 필요한 군사 훈련을 받거나 전술 훈련을 해야만 했다. 그런데 하나님은 군인으로 모집한 자들을 어떻게 훈련하시고 전쟁 준비를 시키시는가?

놀랍게도 하나님께서 광야 진군을 준비하기 위해 가장 먼저 하신 일은 진영을 정결하게 하는 일이었다. 하나님은 이스라엘 자손에게 나병 환자와 유출병 환자, 주검으로 부정하게 된 자 등 부정한 자들을 모두 진영 밖으로 보내어 진영을 깨끗하게 하였다. 그리고 죄를 범한 자들에게 20%를 더하여 배상하도록 함으로 죄로 인해 부정하게 된 것을 깨끗하게 하도록 하시고, 간통과 관련된 규례를 주시며 이로 인해 부정하게 된 것을 정결하게 하도록 하셨다. 또한 나실인에 관한 규례를 주시고 이스라엘 자손들이 하나님께 헌신하도록 하셨다. 그뿐만 아니라 성막 건축을 완성하여 지파별로 헌물을 드리고 봉헌 예배를 드리도록 하셨다.

그리고 마지막으로 애굽에서 나온 다음 해 첫째 달에 유월절을 지키도록 명령하셨다. 그러자 이스라엘 자손들은 하나님께서 모세에게 명령한 대로 다 따라 행하며 유월절을 지켰다. 그런데 유월절 기간에 시체를 만져서 부정하게 되거나 먼 여행 중이어서 유월절을 지키지 못한 사람들이 있었다. 하나님은 이런 이유로 유월절을 지키지 못한 자들에게는 2월 14일에 유월절을 지키도록 허락하셨다.

유월절은 유대인의 3대 명절 중의 하나로 하나님께서 이스라엘 자손들을 애굽의 노예에서 해방한 날을 기념하는 날이다. 하나님도 이스라엘 자손들이 가나안 땅에 정착한 후에도 이날을 기억하고 절기를 지키도록 명령하셨다. 유월절은 그만큼 의미 있고 중요한 절기였다. 그럼에도 불구하고 하나님은 1월 14일에 유월절을 지키지 못한 자들을 위하여 2월 14일에 지키도록 허락해 주셨다. 이는 유월절로 정해진 1월 14

일이라는 날짜를 형식적으로 지키는 것보다 유월절의 참된 의미를 되새기는 것이 더 중요함을 말해주고 있다.

이와 같은 모습은 일부러 안식일에 병든 자들을 고침으로 당시 안식일의 참된 의미는 상실한 채 형식적으로 안식일을 지키는 일에만 집착하던 종교지도자들을 경고하신 예수님을 통해서도 볼 수 있다. 예수님은 종교지도자들 앞에서 일부러 당시 유대 관습에 따라 금지하고 있던 병자들을 고치시며 이들의 잘못된 생각을 고쳐주고자 하셨다. 정해진 날짜에 형식적으로 안식일을 지키고 유월절을 지키는 것이 중요한 것이 아니라 안식일이나 유월절의 참된 의미를 알고 그것을 기념하는 것이 훨씬 중요함을 알아야 한다. 이것은 안식일이나 유월절에 대한 규례를 가볍게 여겨도 된다는 뜻이 아니라 참된 의미를 알고 제대로 지켜야 함을 이야기하는 것이다.

민수기에서는 이스라엘 자손들이 유월절을 지킴으로 광야 진군을 위한 준비가 완료되었음을 이야기하고 있다. 앞에서 살펴본 대로 가나안 정복을 위한 이스라엘의 전쟁 준비는 부정한 진영과 자신에 대한 정결, 하나님께 대한 헌신과 예배로 요약할 수 있다. 여기에 한 가지를 덧붙이자면 하나님께 대한 철저한 순종이다. 이스라엘은 하나님이 모세를 통해서 명령하신 대로 다 행하였다. 이는 이스라엘 자손들이 하나님의 말씀에 철저히 순종했음을 보여준다.

가나안 땅을 정복하기 위해 전쟁 준비를 하는 이스라엘의 모습은 일반적인 전쟁 준비와는 전혀 다른 모습이다. 보통 전쟁을 준비하기 위해

군인들을 모집했으면 모집한 군인들에게 적들과 싸울 때 필요한 창술이나 검술, 활 쏘는 법, 전술 훈련 등을 가르친다. 현대에는 사격훈련이나 수류탄 투척, 총검술, 화생방 훈련 등 실제로 전쟁에 필요한 기술들을 주로 가르친다. 그런데 하나님이 모세를 통해 명령하신 전쟁 준비는 이런 일반적인 전쟁 준비와는 전혀 다르다. 어떻게 보면 전쟁 준비와는 아무 상관이 없는 일을 시키는 것처럼 보인다. 상식적으로도 이해하기 힘든 명령이요, 전쟁을 준비하는 모습이다.

하나님께서 왜 이스라엘에 이런 명령을 하셨을까? 이는 앞으로 이스라엘이 수행해야 하는 가나안 정복 전쟁은 이스라엘의 군사력으로 이루어지는 전쟁이 아니기 때문이다. 이스라엘의 왕은 여호와 하나님이시다. 그러므로 이스라엘 자손을 적군들로부터 보호하고 안전하게 가나안 땅으로 인도하실 책임은 하나님께 있다. 엄밀히 말하면 가나안 정복 전쟁은 이스라엘 자손들이 하는 것이 아니라 하나님께서 수행하시는 전쟁이다. 그러므로 정복 전쟁의 승리는 하나님께 달린 것이지 이스라엘 자손들의 군사력에 달린 것이 아니다. 다윗이 골리앗과 싸움에서 승리할 수 있었던 것은 다윗이 이 사실을 믿었기 때문이다. "전쟁은 여호와께 속한 것인즉 그가 너희를 우리 손에 넘기시리라"(사무엘상17:47)

따라서 이스라엘 자손들의 전쟁 준비는 군사 훈련이 아니라 하나님 앞에서 자신을 정결하게 하여 거룩한 하나님의 백성이 되고, 하나님의 말씀에 철저히 순종하며, 하나님께 헌신하고 하나님을 예배하는 것이어야 한다. 이스라엘 자손들이 하나님을 왕으로 인정하고 섬기며, 정결하고 거룩한 하나님의 백성이 되기만 하면 전쟁에서의 승리는 보장되어 있기 때문이다. 이러한 사실은 여리고 성 전투나 아이 성 전투에서도 그대로 나타난다. 이스라엘 자손들이 하나님의 말씀에 순종했을 때는 철옹성같이 견고한 여리고 성도 무너졌지만, 자신들의 힘을 의지하여 작은 성인 아이 성에 올라갔을 때는 참패를 당할 수밖에 없었다.

이스라엘 자손의 전쟁 준비는 오늘날 하나님 나라의 확장을 위해 사탄과의 영적인 전쟁에 임하고 있는 우리 신자들이 어떻게 전쟁 준비를 해야 하는가를 잘 보여주고 있다. 우리가 영적인 전쟁에서 승리하기 위해서 준비해야 하는 것은 이스라엘 자손들과 마찬가지로 먼저 자신을 정결하게 하고 하나님께 헌신하며 하나님을 예배하는 것이어야 한다. 그리고 하나님의 말씀에 철저히 순종하는 것이어야 한다. 우리가 가장 먼저 준비해야 할 일은 전쟁터에서 실제로 싸우는 기술이 아니라 하나님께 대한 순종과 하나님만을 의지하는 믿음임을 명심해야 한다.

그런데 영적인 전쟁에 임하는 우리는 자칫 전쟁 방법이나 기술, 전술 준비 등 실제로 전쟁에 도움이 되리라고 생각하는 행동에 치중하기 쉽다. 전도 훈련을 받고, 전도 방법을 배우고, 전도지를 만드는 등 방법이나 기술을 먼저 준비하기 쉽다. 물론 이런 것들도 필요하다. 그러나 우리는 민수기에서 이스라엘 자손들이 전쟁 준비하는 모습을 통해서 영적인 전쟁에서 승리하는 비결을 배워야 한다. 우리가 해야 하는 전쟁 준비는 먼저 하나님 앞에서 자신의 죄를 회개하고 자신을 정결하게 하며, 자신이 먼저 거룩한 하나님의 백성이 되는 것이다. 자신을 먼저 하나님께 드리고 하나님을 예배하며, 하나님을 자신의 왕으로 인정하고 하나님의 말씀에 철저히 순종하는 것이다. 한 마디로 기도와 말씀에 집중해야 한다. 이렇게 준비가 되었을 때 승리는 보장되어 있다. 왜냐하면 전쟁은 내가 하는 것이 아니라 하나님께서 하시는 것이기 때문이다. 다윗의 고백처럼 전쟁은 여호와께 속한 것이기 때문이다. 영적 전쟁의 준비는 한 마디로 '정결과 거룩'이라고 할 수 있다.

불평과 실패 그리고 소망

앞에서 살펴본 것처럼 이스라엘은 철저히 전쟁 준비를 하고 광야로 진군해 나갔다. 그러나 출발부터 이들의 정결한 모습은 사라지고 불평과 원망으로 실패의 길로 접어들게 되었다. 광야 진군과 동시에 다베라에서 이스라엘 자손들이 악한 말로 원망을 하자 하나님이 이에 진노하시고 불을 내려서 진영 끝을 불로 사르셨다. 사람들의 불평은 여기에서 끝나지 않았다. 이스라엘 자손들과 섞여 사는 이방인들이 탐욕을 품고 불평하자 이스라엘 자손들도 이에 동요하여 만나만 먹고 사는 것에 대해 불평을 늘어놓게 되었다. 이에 하나님이 재앙을 내려 이들을 벌하셨다. 불평은 여기에서 끝나지 않고 점점 확대되어 나가 이제 지도자인 아론과 미리암에게 번져나갔다. 모세가 구스 여자를 취한 것에 대하여 미리암과 아론이 모세를 비방하자 하나님은 미리암에게 나병을 내려 7일 동안 진영 밖에 갇혀 지내게 하셨다.

이스라엘 자손들의 원망은 12지파 대표들의 가나안 정탐 보고를 통해 극대화된다. 여호수아와 갈렙을 제외한 10명의 대표로부터 부정적인 정탐보고를 들은 백성들은 소리를 높여 부르짖고 밤새도록 통곡을 하며 모세와 아론, 더 나아가 여호와 하나님을 원망하며 애굽으로 돌아가자고 모의를 하였다. 결국 이 사건으로 말미암아 여호수아와 갈렙을 제외한 정탐꾼들이 재앙으로 죽임을 당하고, 20세 이상 군인으로 부름을 받았던 모든 이스라엘 자손들이 가나안 땅에 들어가지 못한 채 40년 동안 광야에서 유리하다가 죽음을 맞이하게 되었다.

이스라엘의 부정한 모습은 여기에서 끝나지 않고 레위 자손인 고라와 다단, 아비람의 반역으로 이어진다. 고라와 다단, 아비람이 250명의 지휘관과 합세하여 총회에서 모세와 아론에 대하여 반역을 일으켰다. 이에 하나님께서 땅을 갈라지게 하여 고라와 그에게 속한 모든 자와 재물을 삼키고, 불을 내려서 250명을 불살랐다. 그뿐만 아니라 이 일로 인하여 사람들이 모세와 아론을 원망하자 하나님께서 염병을 내려 14,700명이 죽임을 당하게 되었다.

고라의 반역 사건으로 레위 자손들에게까지 퍼졌던 불평과 원망의 분위기는 므리바 사건에서는 모세와 아론까지 번지게 된다. 백성들이 물이 없어 모세와 아론에게 불평하고 원망하자 모세가 하나님의 말씀대로 반석에 명령을 하여 물을 내지 않고 반석을 지팡이로 두 번이나 침으로 이스라엘 자손들 앞에서 하나님의 거룩함을 나타내지 못하게 되었다. 이로 인하여 모세도 가나안 땅에 들어갈 수 없게 되었다.

그뿐만 아니라 이스라엘 자손들이 에돔 땅을 우회하려다가 길이 험하고 먹을 양식과 물이 부족하여지자 하나님과 모세를 원망하게 되었다. 그러자 이번에는 하나님이 불 뱀을 보내셔서 원망하는 백성들을 물어 죽게 하였다. 이에 모세가 하나님의 말씀대로 놋뱀을 만들어 장대 위에 달았으며, 이 놋뱀을 쳐다본 자들은 모두 살아남게 되었다.

여기에서 장대 높이 달린 놋뱀은 예수 그리스도를 상징한다. 불 뱀에 물려서 죽을 수밖에 없는 상황에 부닥쳤더라도 장대에 달린 놋뱀을 쳐다 본 사람은 누구든지 살아난 것처럼 죄로 인해 심판을 받을 수밖에 없는 상황에 부닥치었더라도 십자가에 높이 달리신 예수님을 바라보기만 하면 죄 사함을 받고 구원을 얻게 된다. 그래서 예수님도 "모세가 광야에서 뱀을 든 것 같이 인자도 들려야 하리니"(요한복음 3:14)라고 말씀하셨다.

이상에서 살펴본 것처럼 정결과 거룩으로 완전 무장을 하고 광야로 진군했던 이스라엘은 시작부터 불평과 원망으로 정결하고 거룩한 모습을 상실하고 부정하게 되었다. 그리고 이스라엘 자손들과 이방인들로부터 시작되었던 불평과 원망은 누룩과 같이 퍼져 12지파의 대표들과 레위인들에게까지 번지고, 결국에는 모세와 아론까지도 삼켜버리게 되었다. 결국 이스라엘 전체가 부정하게 되고 말았다.

그러면 이스라엘의 불평과 원망이 왜 그렇게 심각한 문제가 되는가? 이스라엘 자손들이 모세와 아론에게 불평과 원망을 쏟아놓은 것은 단순히 모세와 아론에 대한 것이 아니라 하나님께 대한 불평과 원망이다. 하나님께 대한 불평과 원망의 마음속에는 근본적으로 하나님의 주권에 대한 불순종과 하나님의 능력에 대한 불신이 자리하고 있다. 다시 말하면 하나님께 대한 불평과 원망은 하나님께 대한 도전이요, 반역이다. 이로 인해 이스라엘은 부정하게 되었으며, 왕과 백성으로서의 하나님과 이스라엘 자손과의 관계가 깨어지게 되었다. 결과적으로 이스라엘 자손들은 다시 하나님 나라를 상실하게 되었으며, 결국 이들은 모두 약속의 땅인 가나안에 들어가지 못하고 광야에서 유리방황하다가 죽음을 맞이할 수밖에 없었다.

하나님은 불평과 원망으로 이스라엘 온 진영이 부정하게 되었음에도 불구하고 붉은 암송아지를 통해 언약을 갱신하고 소망을 주셨다. 흠이 없고 아직 멍에를 메지 아니한 붉은 암송아지 제사를 통해 시체로 인해 부정하게 된 자들을 정결하게 한다. 붉은 암송아지를 잡아서 그 피를 성막을 향하여 일곱 번 뿌린 후에 완전히 태워 재로 만들고 그 재를 물에 섞어 정수를 만들어 죽은 자의 시체로 인한 부정을 씻도록 하였다.

이 붉은 암송아지 제사는 아무 죄 없으신 예수님께서 십자가에 달린 채 피와 물을 다 쏟으시고, 그 피로 말미암아 모든 죄를 대속하신 예수님을 상징한다. 광야에서의 원망과 불평, 반란과 죄와 죽음에도 불구하고 여호와 하나님은 이스라엘을 변함없이 사랑하시고 은혜를 베푸셔서 붉은 암송아지 제사를 통해 모든 죄를 깨끗이 씻어 주시고 거룩하게 하셨다.

민수기 26장에는 이스라엘 자손들이 여리고 맞은편 모압 평지에 이르렀을 때 하나님이 모세와 아론의 아들 엘르아살에게 다시 지파별로

20세 이상 남자들의 인구 조사를 하도록 명령하신 내용이 기록되어 있다. 이것이 민수기에 기록된 두 번째 인구조사이다. 첫 번째 인구조사가 진영을 편성하는 목적으로 출애굽 1세대를 대상으로 실시되었다면, 두 번째 인구조사는 군사적인 목적도 있었지만 공평한 땅 분배를 목적으로 시행되었으며, 그 대상도 출애굽 2세대들이었다. 이는 이미 출애굽 1세대가 하나님께 대한 불평과 원망으로 광야에서 유리방황하다가 전부 죽었으며, 이제 출애굽 2세대가 갖추어졌음을 의미한다. 이는 하나님께 불순종하던 구세대는 전부 멸망하였으며, 신세대로 새롭게 하나님의 백성이 형성되었음을 의미한다. 지도자뿐만 아니라 백성들도 세대교체가 이루어지게 된 것이다.

그런데 두 번째 인구조사의 특징은 전체적인 숫자 면에서는 첫 번째 인구조사와 비슷하지만 특이한 점은 시므온 지파의 숫자가 첫 번째 인구조사와 비교해 거의 절반 이하로 줄어들었다는 사실이다. 두 번째 인구조사 결과는 하나님께서 이스라엘 자손들을 약속의 땅까지 신실하게 인도하셨음을 보여주며, 한편으로는 야곱이 디나 사건으로 인해 시므온에게 내린 저주가 그대로 성취되었음을 나타내 주고 있다. 또한 두 번째 인구조사는 하나님의 약속이 새로운 지도자들과 출애굽 2세대인 신세대들에게도 유효함을 보여 준다.

그뿐만 아니라 하나님은 모세를 대신하여 여호수아를, 아론을 대신하여 엘르아살을 지도자로 세워주시며 새로운 리더십을 확립하여 주시고, 신세대들이 가나안 땅에 들어갔을 때 약속의 땅에서 드려야 할 각종 제사와 절기에 대해서 다시 말씀해 주신다. 이를 통해 하나님은 이스라엘 자손들이 약속의 땅에서도 거룩한 하나님의 백성으로 살도록 말씀하신다. 이는 하나님께서 이스라엘 자손들을 약속의 땅으로 인도할 것이며, 이들이 가나안 땅에 성공적으로 정착할 것에 대한 기대와 소망을 보여 준다.

5장

신명기

신명기는 여리고성 맞은편에 있는 모압 평지에서 모세가 자신이 약속의 땅에 들어가지 못할 것을 알고 죽기 전에 출애굽 2세대들에게 세 편의 설교를 통해 하나님 나라의 규범을 재교육하는 내용이다. 따라서 신명기는 모세의 유언이라고도 할 수 있다. 일반적으로 유언은 후세들에게 꼭 전하고 싶은 말을 남기는 것으로, 후세들이 가장 중요하게 여기고, 반드시 명심해야 할 내용이다. 그래서 신명기의 주제는 '쉐마(들으라) 이스라엘'이라고 할 수 있다. 모세는 신명기에서 하나님과 맺은 시내산 언약을 갱신하고, 그동안 받은 율법을 요약해서 신세대들을 교육하며, 약속의 땅에 들어가서 반드시 율법을 지키고 하나님을 사랑하며 살도록 권면하고 있다. 이런 면에서 신명기는 모세오경을 요약 정리한 것이라고도 할 수 있다.

역사를 바로 알자

모세는 신세대들을 대상으로 하는 첫 번째 설교에서 출애굽 이후 40년 동안의 광야 생활에 대해서 회고한다. 모세는 먼저 가데스 바네아 사건을 언급하며 구세대들이 왜 실패할 수밖에 없었는지에 대하여 설명한다. 지금 모세의 설교를 듣고 있는 신세대들은 이 사건 당시 모두 20세 미만으로 가데스 바네아 사건을 잘 알지 못하는 자들이었다.

구세대들은 여호와 하나님의 능력과 인도하심을 믿지 못하고 가나안 땅에 있는 아낙 자손을 보고 낙심하고 두려워하였다. 결국 구세대들은 하나님께 대한 불신으로 말미암아 40년 동안 광야에서 유리방황할 수밖에 없었으며, 갈렙과 여호수아를 제외하고 아무도 약속의 땅을 밟지 못하였다. 또한 이들은 하나님의 명령을 듣지 않고 무기를 가지고 경솔히 아모리인들의 산지로 쳐들어갔다가 보기 좋게 실패하고 말았다.

모세는 이들의 죄를 "하나님 여호와를 믿지 아니하였도다"(신명기 1:32)라고 표현하고 있다. 이는 다른 말로 표현하면 하나님께 대한 반역이다. 구세대들의 실패 원인은 한마디로 하나님께 대한 불신과 반역이었다. 이러한 사실은 이스라엘 자손들이 약속의 땅인 가나안에 들어가는 것은 자신들의 힘이나 능력으로 되는 것이 아니라 하나님께 대한 순종을 통해서만 가능하다는 점을 분명히 보여 주고 있다.

계속해서 모세는 가데스 바네아에서 모압 평지까지 오는 동안 하나님께서 금지하신 정복하지 말아야 할 땅에 관해서 이야기하고 있다. 먼저 이스라엘이 정복하지 말아야 할 땅은 에돔이다. 에돔은 하나님이 이스라엘에게 주신 약속의 땅이 아니며, 이스라엘의 형제인 에서의 후손들이 사는 땅이기 때문이다. 또한 하나님은 모압과 암몬 땅도 정복하지 말도록 하셨다. 왜냐하면 모압과 암몬은 하나님이 아브라함의 조카인 롯의 자손들에게 기업으로 준 땅이기 때문이다.

하나님께서 에돔과 모압, 암몬 땅은 정복하지 말도록 하셨지만 요단 동편에 있는 헤스본과 바산은 이스라엘의 손에 붙이시고 그 땅을 점령하게 하셨다. 이는 하나님께서 이스라엘에게 그 땅을 기업으로 주셨기 때문이다. 이스라엘이 하나님께 순종하여 이들과 대적하였을 때 하나님이 헤스본과 바산을 이들에게 넘기셨으며, 그 땅을 진멸하고 정복할 수 있었다.

약속의 땅을 정복하는 역사는 저절로 이루어지는 것이 아니라 하나님의 말씀에 대한 순종을 통해서 이루어진다. 하나님이 피하라고 하면 피하고, 정복하라고 하면 정복해야 한다. 이스라엘은 하나님의 말씀에 순종하여 에돔과 모압, 암몬은 피하였다. 또한 이스라엘은 하나님의 말씀에 순종하여 헤스본과 바산은 정복하였다. 모세는 신세대들이 구세대들과 같이 하나님께 불순종하고 하나님을 반역하여 실패하지 말고 하나님께 순종하여 약속의 땅을 정복하도록 유언을 남기고 있다.

하나님과 다시 맺은 언약

신세대들을 향한 모세의 두 번째 설교는 하나님이 구세대들과 맺었던 시내산 언약을 신세대들을 위하여 갱신하고, 율법을 확장하는 내용을 주로 담고 있다. 모세는 이를 통해서 이스라엘 자손들이 하나님과 맺은 시내산 언약이 신세대들에게도 여전히 유효하다는 사실을 알려주고자 한다. "우리 하나님 여호와께서 호렙산에서 우리와 언약을 세우셨나니 이 언약은 여호와께서 우리 조상들과 세우신 것이 아니요 오늘 여기 살아 있는 우리 곧 우리와 세우신 것이라"(신명기 5:2~3)

신세대들에 대한 시내산 언약의 갱신은 창세기에서 언급했던 아담의 언약과 아브라함 언약, 출애굽기에서 설명했던 시내산 언약, 그리고 이후 사무엘하에서 언급될 다윗의 언약과 서로 연결되어 있다. 이 언약이 구약 성경 전체를 관통하고 있으며, 결국 이 언약은 예수 그리스도를 통해 성취된다.

모세는 먼저 하나님께서 이스라엘에 주신 율법의 핵심이라 할 수 있는 십계명에 관해서 설명한다. 앞서 출애굽기 20장에서 하나님이 구세대들에게 주셨던 십계명을 이제 모세는 신세대들에게 전하고 있다. 십계명은 앞서 언급했듯이 하나님을 사랑하고 이웃을 사랑하라는 내용이다. 이 십계명은 이스라엘 자손들이 약속의 땅에 들어가서도 계속해서 지켜야 할 하나님 나라의 법의 핵심이다. 이스라엘 자손들이 하나님께서 명령하신 이 법을 잘 지키면 살 것이요, 복을 받고 번성할 것이다.

그래서 모세는 신세대들에게 다음과 같이 당부하고 있다. "이스라엘아 들으라 우리 하나님 여호와는 오직 유일한 여호와이시니 너는 마음을 다하고 뜻을 다하고 힘을 다하여 네 하나님 여호와를 사랑하라"(신명기 6:4~5) 이스라엘은 애굽에서 노예로 살던 자신들을 구원하신 여호와 하나님을 항상 기억해야 한다. 그래서 신명기의 십계명이 출애굽기의 십계명과 동일한 내용이지만 한 가지 다른 점이 있다면 안식일을 지키는 근거로 출애굽 사건을 언급하고 있다는 사실이다.

또한 모세는 더 나아가 이 말씀을 마음에 새기고 대대로 후손들에게 가르치도록 권면하고 있다. 이스라엘은 거룩한 하나님의 백성이다. 그러므로 하나님이 주신 율법대로 행하여 거룩한 하나님의 백성이 되어야 한다. 시내산 언약에서는 하나님이 십계명을 돌판에 새겨서 주셨지만 모세는 이 말씀을 마음에 새기라고 명령하고 있다. 설교를 듣고 있는 신세대들은 먼저 하나님의 말씀을 마음에 새겨서 거룩한 하나님의 백성이 되어야 한다. 그뿐만 아니라 대대로 후손들이 하나님의 말씀에 순종하여 살도록 가르쳐야 한다.

모세는 이어서 신세대들에게 가나안 땅에 정착한 후에 지켜야 할 각종 규례에 관해서 설명해 주고 있다. 먼저 모세는 이스라엘 자손들의 신앙생활과 관련된 법들을 설명한다. 이스라엘 자손들이 가나안 땅에 들어가서 가장 먼저 해야 할 일은 가나안 족속들이 섬기고 있던 우상들을 철저히 훼파하여 이방 신들이 올무가 되지 않도록 해야 한다. 그리고 하나님께서 정하신 곳에 성막을 세우고 그곳에서 제사를 지내야 한다. 또한 모세는 정결한 음식과 부정한 음식을 나누고, 이스라엘 자손들이 부정한 음식을 멀리하여 자신들을 거룩하게 하도록 한다. 이스라엘 자손들은 매년 토지 소산의 십일조를 드려야 하며, 삼 년 째 되는 해에는 십일조를 성읍에 모아두었다가 기업이 없는 레위인이나 객과 고아, 과부들을 구제하는 데 사용해야 한다. 이스라엘 자손들은 매 7년마다 안식년을 지켜야 하는데, 안식년에는 히브리 노예를 해방하고, 토지는 휴경하여 땅이 안식을 얻도록 해야 하며, 이웃에게 꾸어준 것이 있으면 모든 채무를 면제해주고 독촉하지 말아야 한다. 모세는 초태생에 대한 규례, 각종 절기에 대한 규례를 주며 이스라엘 자손들이 약속의 땅에 들어가서도 하나님의 백성으로서 하나님만을 섬기며 거룩한 백성으로 살도록 권면하고 있다.

계속해서 모세는 정치나 재판과 관련된 규례에 관해서 설명한다. 재판할 때는 사람의 외모를 보지 말고 뇌물을 받고 판결을 바꾸지 말아야 한다. 이스라엘이 왕을 세울 때는 반드시 여호와 하나님께서 택하신 자를 왕으로 세워야 하며, 왕은 병마를 많이 두지 말고, 아내를 많이 두지 말며, 자기를 위하여 은금을 쌓아두지 말아야 한다. 반면에 왕은 율법서를 항상 옆에 두고 읽으며 그대로 행해야 한다.

하나님은 이스라엘이 왕을 두는 것을 금지하지 않으셨다. 그러나 하나님께서 이스라엘의 왕에 대해 주신 지침은 고대 사회의 일반적인 왕과 전혀 다른 모습이다. 고대 사회에서 병마는 군사력을 의미했다. 군사력을 가지고 적군으로부터 백성들을 보호하는 것이 왕의 기본적인 의무이며 역할이다. 그런데 하나님은 이스라엘 왕에게 병마를 많이 두지 말라고 명하신다. 오늘날은 외국에 대사나 영사와 같은 외교관들을 보내서 주로 외교 관계를 맺는다. 특별한 일이 있을 때는 특사를 보내기도 한다. 그런데 고대사회에서는 주로 결혼을 통해서 이웃 나라들과 동맹 관계를 맺었다. 하나님께서 아내를 많이 두지 말라는 것은 결혼을 통해서 이웃 나라와 동맹 관계를 맺지 말고, 이웃 나라를 의지하지 말라는 의미이다. 또한 하나님은 이스라엘 왕에게 자기를 위하여 은금을 쌓지 말라고 하신다. 왕은 당연히 백성들이 잘 먹고 잘살 수 있도록 경제생활을 보살펴야 한다. 어떻게 보면 왕이 이런 일을 하기 위해서 반드시 필요한 것이 은금이다. 은금 없이 왕이 백성들의 경제 상황을 돌본다는 것은 거의 불가능에 가깝다.

그런데 하나님께서 왜 이스라엘 왕에게 이런 규례를 주시는가? 여기에서 우리는 이스라엘 왕이 어떤 자인지 생각해 볼 필요가 있다. 주변에 있는 다른 나라들과 달리 이스라엘은 하나님이 세우신 하나님의 나라이다. 하나님이 이스라엘 자손과 맺은 언약에서 알 수 있듯이 이스라엘의 왕은 여호와 하나님이시며, 이스라엘 자손은 하나님의 백성이다. 이스라엘이 왕을 세운다고 하더라도 이스라엘 왕은 주변 국가들의 왕들과 같은 주권을 가진 왕이 아니라 왕이신 하나님의 대리통치자에 불과하다. 그러므로 이스라엘 왕은 주변 국가들의 왕과 같이 백성들을 보호하고, 나라를 유지하며, 백성들의 경제생활을 돌볼 책임을 지고 있지 않다. 이 책임은 모두 진짜 왕이신 여호와 하나님께 속해 있다. 따라서 이스라엘 왕은 병마도 필요 없고, 많은 아내도 필요 없으며, 은금을 쌓아둘 필요도 없다.

그러나 이스라엘 왕이 반드시 해야 할 한 가지가 있다. 바로 율법서를 항상 옆에 두고 읽으며, 그대로 행해야 한다. 이스라엘 왕이 왜 이렇게 해야 하는가? 앞에서 이스라엘 왕은 진짜 왕이신 하나님의 대리 통치자라고 설명하였다. 이스라엘 왕은 하나님의 통치권을 위임받은 자에 불과하다. 이스라엘 왕은 하나님의 대리통치자로서 하나님의 뜻대로 하나님이 맡겨주신 백성들을 잘 관리해야 한다. 그리고 율법서는 하나님의 뜻에 따라 하나님이 제정하신 통치 규범이다. 그러므로 이스라엘 왕은 하나님의 대리통치자로서 항상 율법서를 읽음으로 하나님의 뜻을 알고, 하나님의 뜻에 따라 백성들을 다스려야 할 책임이 있다.

이와 같은 개념은 하나님이 천지 만물을 창조하시고 하나님의 형상대로 만들어진 아담에게 그 통치권을 위임해 주신 것과 같은 의미이다. 아담은 하나님으로부터 만물에 대한 통치권을 위임받은 자로서 하나님의 뜻대로 만물을 다스려야 했다. 아담은 마땅히 항상 하나님의 말씀을 듣고, 그 말씀에 순종하여 만물을 다스려야 했다. 그러나 아담은 하나님의 말씀을 듣지 않았으며, 자신이 스스로 하나님과 같은 왕이 되고자 하였다. 아담이 하나님의 말씀에 순종하지 않고 자기 뜻대로 하자 하나님께서 맡겨주신 만물에 대한 통치권도 상실하게 되었으며, 만물도 아담의 통치를 거부하게 되었다.

이스라엘 왕은 세상 왕들과 달리 이스라엘의 참된 왕이신 하나님이 대리 통치자로 세우신 자이다. 따라서 이스라엘 왕은 대리 통치자로서의 자신을 깨닫고 항상 하나님의 말씀을 듣고 말씀에 순종하는 자가 되어야 한다. 역사서를 보면 하나님은 이런 이스라엘 왕을 기뻐하시고 높이 세우신다. 우리는 다윗 왕을 통해 하나님께서 인정하시는 이스라엘 왕의 표본을 볼 수 있다. 다윗은 전쟁할 때도 먼저 하나님께 묻고 하나님의 명령대로 움직였다. 다윗은 훌륭한 하나님의 대리통치자였다.

모세는 계속해서 제사장과 레위인들의 기업에 대한 규례와 도피성에 대한 규례, 재판장에서 증인에 대한 규례, 전쟁에 대한 규례 등을 주신다. 그뿐만 아니라 가나안 땅에 정착한 후에 이스라엘 자손들이 사회생활을 하면서 지켜야 할 각종 생활 관련 규례를 주며 하나님의 율법을 신세대들에게 전한다.

실패에 대한 경고

모세는 하나님께서 주신 율법을 신세대들에게 다 전하고 난 후에는 마지막으로 약속의 땅에 들어갈 신세대들에게 하나님께서 주신 모든 율법을 철저히 지키도록 권면한다. 여호와 하나님의 말씀을 잘 듣고 지키면 들어와도 복을 받고 나가도 복을 받을 것이며, 여호와 하나님의 말씀을 순종하지 않으면 저주를 받게 될 것이라고 경고한다. 그리고 시내산에서 맺은 언약을 대신하여 모압 평지에서 언약을 갱신한다. 하나님은 아브라함과 이삭, 야곱과 맺은 언약대로 이스라엘 자손들을 하나님의 백성으로 삼으시고 이들의 하나님이 되어 주겠다고 약속하신다.

이스라엘 자손들이 하나님의 말씀에 불순종하여 저주를 받을지라도 다시 마음으로 하나님을 기억하고 돌아와서 마음을 다하고 뜻을 다하여 여호와의 말씀에 순종하면 하나님께서도 마음을 돌이키시고 이들에게 복을 주시며 다시 하나님의 백성으로 받아 주실 것을 이야기한다. 하나님은 이렇게 미리 경고하더라도 이스라엘 자손들이 실패할 것을 아시고 실패했을 때도 낙심하지 말고 하나님께로 돌아오도록 권면하고 있다. 그리고 모세는 이들에게 이 모든 율법을 이제 마음에 할례를 받고 마음에 새기도록 권면한다.

우리는 여기에서 모세가 가나안 입성을 앞둔 신세대들에게 하나님께서 주신 율법을 갱신해 주는 목적에 대해 생각해 보아야 한다. 모세가 신세대들에게 율법을 다시 마음에 새겨주는 것은 형식적으로 율법 조항을 지키는 것이 목적이 아니라 율법의 본질에 충실하여 거룩한 하나님의 백성이 되어 약속의 땅에서 진정한 안식을 누리도록 하는 데 있다.

모세는 하나님께서 주신 율법을 신세대들에게 모두 설명하고, 자신의 후계자로 지명된 여호수아에게 자신이 맡았던 모든 임무를 넘긴다. 그리고 느보산에 올라가 하나님께서 이스라엘 자손들에게 줄 가나안 땅을 바라보고 조상들에게로 돌아간다. 이때 모세의 나이가 백이십 세였으나 그의 눈이 흐리지 아니하였고, 기력이 쇠하지 아니하였다.

신명기에서 약속의 땅에 들어갈 신세대들과 하나님께서 구세대들과 맺었던 언약을 갱신하는 것은 하나님의 언약이 이후에 나타날 이스라엘 자손들은 물론이고 오늘날 하나님을 믿는 모든 사람에게도 지속적으로 갱신되고 있음을 보여 준다. 우리 믿는 자들은 모두 시내산 언약의 계승자들이다. 그러므로 우리는 하나님의 말씀을 마음에 새겨야 한다. 하나님의 말씀을 듣고, 마음을 다하고 뜻을 다하고 힘을 다하여 여호와 하나님을 사랑해야 한다. 그래서 하나님의 계획대로 하나님을 닮은 거룩한 백성이요, 제사장 나라가 되어야 한다.